QUE SAIS-JE ?

Histoire de l'Espagne

PIERRE VILAR
Professeur honoraire à l'Université de Paris I

Vingt-deuxième édition

192e mille

ISBN 978-2-13-057669-3

Dépôt légal — 1re édition : 1947
22e édition, 3e tirage : 2011, février

6, avenue Reille, 75014 Paris

Chapitre I

LE CADRE NATUREL ET L'ORIGINE DES HOMMES

I. — Le cadre naturel

L'Océan. La Méditerranée. La chaîne pyrénéenne. Entre des limites aussi distinctes, un cadre naturel semble se proposer comme évidemment à la destinée particulière d'un groupe humain, à l'élaboration d'une unité historique.

Et en effet la position excentrique de l'Ibérie, son isolement par les Pyrénées, les fortes singularités de son climat et de sa structure, l'attraction de quelques-unes de ses richesses, n'ont guère cessé de lui donner en Europe, depuis la préhistoire la plus lointaine, une originalité parfois subtile, parfois éclatante. Elle n'est pas non plus, quoi qu'on en ait dit, « africaine ». Quelques constantes naturelles ont fait de cette presqu'île massive – sorte de continent mineur – un être historique à part.

N'allons pas conclure de là que le monde ibérique est un monde clos. Ni davantage qu'il a su offrir aux éléments humains qui l'ont abordé des conditions particulièrement favorables à leur fusion dans une harmonie. Car ce monde, d'une part, s'ouvre largement, par l'intermédiaire d'une accueillante périphérie, aux influences extérieures de toutes sortes; mais d'autre part, à qui veut le pénétrer plus profondément, il oppose très vite les barrières multiples de ses « sierras » et de ses plateaux, la rudesse de leur climat, la faiblesse de leurs ressources. Tout à l'opposé de la France – moins bien défendue, mais si admirablement articulée autour de ses fleuves – l'Espagne ne jouit d'aucun système de voies naturelles qui soit cohérent. Aucun centre géographique ne peut y jouer le rôle qu'ont assumé ailleurs un Paris, un Londres. Des cluses étroites, au débouché des plateaux, barrent presque toutes les grandes vallées. On songe à répéter, suivant une expression qui a fait fortune, que la Péninsule est « invertébrée ». Sans doute vaut-il mieux dire qu'elle a souffert, au cours du développement de ses ressources humaines, de la place excessive tenue dans sa structure physique par la charpente osseuse de son relief, aux dépens des organes de production, d'assimilation, d'échanges, de vie. De la barrière sans coupure des Pyrénées centrales aux crêtes également vigoureuses qui dominent Grenade et Almeria, s'étend l'Ibérie montagnarde et continentale, que caractérisent les difficultés d'accès, donc *l'isolement*, et la brutalité des conditions de climat, donc *la précarité des moyens de vie*.

Isolement et pauvreté, la littérature contemporaine a souvent posé ces deux termes même à l'origine des valeurs spirituelles du peuple espagnol. De là dériveraient « l'essence de l'Espagne » selon Unamuno, ses « profondeurs » selon René Schwob, sa « virginité » selon Ganivet ou Frank. Indéniablement l'homme des plateaux, dans le récit que nous allons esquisser, jouera un grand rôle, le premier sans doute. Et c'est bien de la nature de son pays qu'il a tiré sa passion pour l'indépendance, sa valeur guerrière et son ascétisme, son goût de la domination politique et son mépris pour le gain marchand, son aspiration à faire ou à maintenir l'unité du groupe humain de la Péninsule.

Mais cette dernière aspiration n'exprime-t-elle pas en réalité le simple sentiment confus d'un besoin vital ? Isolée, l'Espagne centrale ne mènerait qu'une vie précaire. Elle manque de moyens et nourrit peu d'hommes. Elle communique mal avec l'étranger. Elle ne s'adapte qu'avec retard à l'évolution matérielle et spirituelle du monde. Pour garder contact avec celui-ci, pour y vivre et pour y jouer un rôle, force lui est de s'associer étroitement, organiquement, avec cette magnifique périphérie maritime péninsulaire, si vivante, si assimilatrice, si remarquablement posée face à l'Ancien Monde, et face au Nouveau. A l'Espagne « sèche et guerrière » qui apparaît à Antonio Machado du haut des plateaux de Soria s'oppose, mais pour la compléter, cette autre Espagne riche et charnue, « mère de tous les fruits », verger des pommes d'or pour l'Antiquité et jardin des khalifes pour le Moyen Age, dont la tradition populaire et la littérature romantique ont aimé l'image. Et comment oublier la glorieuse ceinture de ports ibériques, d'où sortirent, pour la conquête de l'Orient, puis de l'Occident, les marchands et les matelots de Catalogne et d'Andalousie, de Majorque et du Portugal, de Valence et du Pays basque ?

Hélas, cette Ibérie heureuse, cette Ibérie active (par un phénomène d'ailleurs classique autour de la Méditerranée) ressent mal, quant à elle, l'attraction de son arrière-pays. Matériellement, par la disposition du relief, par la forme et l'orientation des vallées, sa frange littorale s'isole et se morcelle. Elle tourne le dos aux plateaux du Centre. Th. Fischer l'avait montré il y a longtemps pour le Portugal. C'est aussi vrai (plus vrai, puisque le relèvement du plateau est dissymétrique) pour les petites unités côtières de l'Est espagnol. C'est pourquoi tant de régions maritimes de l'Ibérie ont eu, à tels moments de l'histoire, des destinées autonomes. En revanche, aucune de ces petites puissances, dont les triomphes furent surtout d'ordre économique, n'eut jamais assez d'ampleur territoriale ni d'énergie politique assez continue pour entraîner décisivement la presqu'île entière. L'histoire de celle-ci a donc comporté sans cesse une lutte entre la volonté d'unification, manifestée généralement à partir du Centre, et une tendance non moins spontanée – d'origine géographique – à la dispersion.

Ainsi le présent dépend, comme le passé, d'une nature contradictoire. La massivité, le relief, l'aridité du Centre espagnol s'unissent à certains retards techniques ou sociaux pour imposer à la nation espagnole, jusqu'en 1960, une moyenne de rendements en blé *qui ne dépasse pas 10 quintaux-hectare.* Cela pourra-t-il suffire longtemps à une population passée, en quelque cent ans, de 17 à 35 millions d'habitants ? Inversement, où s'écouleront les produits si riches, mais si particuliers, des terres de « huerta » ? Qu'est-ce qui l'emportera décisivement, de l'archaïsme économique et spirituel des régions rurales les plus isolées, ou du grouillement d'influences qui s'exerce dans les grands ports et les grandes villes ? N'oublions pas que les Catalans et les Basques, c'est-à-dire les Espagnols les plus accessibles aux contacts avec l'étranger, ont tendu depuis près d'un siècle à déserter la communauté nationale. Il y a là une crise à surmonter certainement, une synthèse à recomposer sans doute. Et si quelques esprits (cela s'est vu, surtout en Castille), prêchaient aux Espagnols, comme solution aux problèmes graves posés à leur peuple, la seule fierté de l'isolement, et le seul culte de l'originalité, la vie moderne leur répondrait : Gibraltar et Tanger, Canaries et Baléares, bases sous-marines et aérodromes, cuivres du Rio Tinto et potasses de Suria. Économiquement, stratégiquement, l'Espagne ne peut rester étrangère aux dures réalités du monde présent. Entre Afrique et Europe, entre Océan et Méditerranée, la Péninsule est un carrefour, un lieu de rencontres. Un carrefour étrangement encombré, il est vrai. Presque une barrière. Un lieu de rencontres pourtant, où, dès les temps les plus reculés, les hommes et les civilisations se sont infiltrés, se sont affrontés, ont laissé leurs traces.

II. — L'origine des hommes et des civilisations

C'est pourquoi, anthropologiquement, il n'y a pas plus de « race espagnole » qu'il n'y a de « race française ».

Le peuplement de l'Espagne a été précoce. Les restes paléolithiques, abondants, y jalonnent parfois des sites désignés pour de grands destins, comme celui de Madrid. La Cantabrie nous montre, à Altamira, la « Chapelle Sixtine de l'art préhistorique » (magdalénienne), puis, aux confins du néolithique et de l'âge du cuivre, l'Andalousie est de nouveau le lieu d'un épanouissement humain. On sait mal, il est vrai, ce qu'il faut mettre derrière les premiers noms indiqués par les textes. Le mot même d' « Ibères » n'est pas entièrement clair. Il s'applique à un peuple africain de type berbère, infiltré jusqu'aux Pyrénées le long du Levant espagnol, et dont on peut décrire assez bien les modes de vie. Mais on a renoncé à identifier aux Ibères les Basques, dont l'ascendance remonterait plutôt aux premières civilisations pyrénéennes. Enfin, dans l'ethnographie espagnole, l'élément celte n'est pas négligeable : le mélange « celtibère », sur le plateau, présente des traits caractérisés ; et le Celte proprement dit donne le type dominant dans le « finisterre » de la Galice.

Ajoutons qu'au début de l'ère historique, le Levant ne cessa d'être visité par des navigateurs venus de l'autre bout de la Méditerranée. Rome, enfin, après les guerres puniques n'abandonna plus un instant l'idée de contrôler la presqu'île entière. Mais elle mit longtemps à dominer les plateaux. Déjà se dressèrent contre elle des formes originales de résistance qui se retrouveront souvent chez les Espagnols : les « guerrillas » de Viriathe, et l'implacable défensive des grandes villes assiégées : vingt ans, au plus haut de la « Meseta », Numance fut le cauchemar du soldat romain, et elle aima mieux, en 133, se détruire que de se rendre. Peu à peu, cependant, les régions littorales, vite romanisées, imposèrent leur influence à tout le pays. Et ce fut un des plus beaux moments de la Péninsule, au moins dans les apparences.

Cet « âge d'or » se place dans les deux premiers siècles après J.-C. Les mines espagnoles sont remarquablement exploitées. Les routes, les ponts, rustiques ou majestueux, conduisent jusqu'en Galice, jusqu'en Cantabrie. Des Romains datent de beaux travaux hydrauliques, souvent attribués indûment aux Arabes. L'Andalousie, pour Rome, put être un grenier. Et l'Espagne, avec ses richesses, envoya à la capitale, ses fils les plus brillants : Quintilien, Martial, Lucain, Sénèque, les grands empereurs Hadrien, Trajan. Toutefois, on se demande aujourd'hui si la superstructure romaine avait réellement transformé la vieille vie des tribus et si le rendement économique de l'esclavage n'a pas baissé plus tôt qu'on ne croit. On constate pourtant que le système romain, s'il donne, dès le IIIe siècle, des signes de décadence, et s'il est atteint au Ve par les Barbares, n'en conserve pas moins, à travers ces époques troublées, l'essentiel de son armature. Il ne s'effondre tout à fait qu'en 711, devant l'Islam.

Le christianisme et l'Église avaient été, en grande partie, les garants de cette durée.

Les premiers flots des invasions (Alains, Suèves et Vandales) avaient beaucoup détruit, mais étaient vite passés. Les Wisigoths, venant de Gaule, arrivèrent romanisés en grande partie. Ce fut surtout leur religion – l'arianisme – qui prolongea les luttes internes. Quand leur roi Reccarède se convertit au catholicisme, une nouvelle grande époque sembla commencer (587). Les rois wisigoths avaient choisi Tolède pour capitale, ils venaient de réaliser l'unité ibérique, indépendante cette fois de tout Empire extérieur. Latins et Goths oubliaient progressivement leurs différences initiales. Un célèbre code commun – *Liber judiciorum* – fut rédigé par les gens d'Église. La monarchie subit une sorte de contrôle théocratique par les conciles de Tolède. Un Isidore de Séville, dans une œuvre encyclopédique, tenta de sauver l'héritage spirituel de l'Antiquité. En fait, c'était là le dernier éclat d'une civilisation, non le début d'une ère nouvelle. La société espagnole ne tarde pas à se déchirer politiquement, socialement. Esclaves, colons y sont misérables. Querelles religieuses et raciales renaissent sourdement. Les Juifs sont persécutés. Les nobles intriguent. Finalement c'est comme agents d'un parti que les Africains musulmans, passant le détroit, changent brusquement le sort de l'Espagne.

Avant de se remémorer la plus classique histoire d'Espagne, qui commence avec l'invasion de l'Islam, sans doute était-il nécessaire de bien mesurer tout d'abord quelle accumulation de sédiments civilisateurs précède, dans le passé espagnol, cette ère médiévale. Préhistoire immense et brillante, romanisation exceptionnellement féconde et durable, participation active à la formation du monde chrétien : parmi les nations de la Méditerranée, toutes humainement si favorisées, la nation espagnole ne le cède à nulle autre quant à l'antiquité et à la continuité de la civilisation.

Chapitre II

LES GRANDS TRAITS DE L'HISTOIRE CLASSIQUE : LE MOYEN AGE

I. — L'Espagne musulmane

1. **Avance et reculs de l'Islam.** — Envahie en 711 par le Berbère Tarik, la Péninsule fut dominée en sept ans. Non sans troubles, bien entendu. Mais à Cordoue une autorité s'était affirmée. Abd-er-Rahman Ier (756-788), omméiade exilé, avait brisé les liens de l'Espagne avec l'Orient. Abd-er-Rahman III (912-961) se proclama lui-même khalife. Cordoue devint la capitale de l'Occident. Malgré cela, dès la fin du Xe siècle, les chrétiens réoccupaient en partie l'Espagne du Nord. Vers l'an 1000, Almanzor, « le Victorieux », poussa encore contre eux des razzias destructrices. Mais, trente ans après lui, le khalifat s'effondra. Vingt-trois « taifas », royaumes ou républiques oligarchiques, le remplacèrent. Les chrétiens ne cessèrent plus d'avancer. A deux reprises cependant, l'Islam contre-attaqua, grâce à des sectes berbères venues d'Afrique : les Almoravides (Zalaca, 1086), puis les Almohades (1172). Ceux-ci, en 1212, à Las Navas de Tolosa, furent mis en échec. Dès lors, la Reconquête accentua son avance : elle dut toutefois laisser subsister, aux XIVe et XVe siècles, le royaume de Grenade, à cheval sur la Sierra Nevada, et, en pays reconquis, bien des formes de vie musulmane.

C'est donc une influence *de trois à huit siècles*, suivant les régions, que l'Islam espagnol a pu exercer. On a trop habitué les esprits, pour estimer cette influence, à procéder d'abord par jugements de valeur : « Barbares du Nord » contre raffinement andalou ? « Barbares du Sud » qui n'auraient laissé que germes de ruine ? Sous cette forme la controverse a peu d'intérêt. Elle est heureusement aujourd'hui, dépassée. Des travaux sûrs s'efforcent de plus en plus de dégager les faits positifs, les influences durables.

2. **Bilan de l'influence islamique.** — Sur quelques points, l'invasion, sans doute, fut destructrice. Mais qui nierait l'éclat donné à l'Andalousie par ses maîtres venus d'Orient ? Ils n'y ont pas « créé », comme on l'a dit longtemps, l'irrigation et la prospérité agricoles, mais ils ont complété, amélioré, embelli l'œuvre des Romains, en introduisant d'Afrique et de Perse des fruits nouveaux, des pratiques horticoles encore inconnues. Et de même, si la vie de cité avait brillé dans la période romaine, elle triomphe dans l'Espagne maure. Les actuelles « medinas » marocaines (refuges, d'ailleurs, de tant d'Andalous), permettent d'imaginer ce que furent, entre le Xe et le XIVe siècle, Cordoue, Séville, Tolède, Almería, Grenade : artisans travaillant le cuir, les métaux, les meubles, les faïences, les tissus de laine et de soie ; commerçants organisés sous un contrôle municipal exact et complexe. Là-dessus, la splendeur des palais, des mosquées, des écoles et des bibliothèques. Et cela non pas seulement dans le bref triomphe du khalifat : le géographe El Edrisi, le philosophe Averrhoès vivent non au Xe, mais bien au XIIe siècle. C'est à la fin de celui-ci que la Giralda s'élève à Séville. Et l'Alhambra, si souvent choisi comme symbole de la civilisation hispano-musulmane, en est en réalité le dernier reflet : il date surtout des XIVe et XVe siècles.

Comment ne resterait-il rien de cet épisode si brillant, et si prolongé, du passé espagnol ? On a pu insister sur les attaches arabes d'arts populaires encore vivants (tapis, céramiques), de la musique, de traits dans les mœurs familiales, dans le tempérament, dans la religion du peuple andalou. Il est utile, ici, pourtant, de s'armer de quelque prudence. Le terme « arabe » a le grand tort d'évoquer une influence raciale qui fut sûrement limitée ; l'immigration berbère – beaucoup moins étrangère au vieux fonds espagnol – fut sûrement plus considérable. Et les unions multiples constituèrent vite un groupe « hispano-mauresque » relativement cohérent. L'Espagne maure fut en réalité un creuset où vinrent se fondre les apports des plus diverses cultures : la mosquée de Cordoue, l'Alhambra de Grenade, créations harmonieuses mais composites, le prouvent, aux deux points extrêmes de son évolution. De ce creuset, les produits ont filtré vers l'Europe chrétienne, vers la philosophie scolastique, vers l'art roman, vers l'école de médecine de Montpellier, vers la poésie lyrique des troubadours et la poésie mystique de Dante.

Comment ? C'est que les deux mondes n'étaient point coupés. Entre petites unités chrétiennes et petites unités maures, il y avait guerres, mais aussi échanges, intrigues, traités, politesses. Assez vite, les droits des vaincus furent garantis. Chaque société eut sa pyramide. Chez les Musulmans, chefs arabes, soldats, puis Berbères, puis renégats chrétiens, puis indigènes restés chrétiens, nommés « mozarabes ». Chez les chrétiens, clergé et grands, roturiers vieux chrétiens, mozarabes retrouvés, « nouveaux chrétiens » convertis, « mudéjares » enfin, qui gardent leur foi, leurs mœurs et leurs juges. Ajoutons les Juifs, longtemps respectés. N'oublions pas les esclaves. En matière de culture, les échanges sont continus. Il y a des chrétiens « algarabiados » – sachant l'arabe – des Musulmans « ladinos » : sachant le latin. Un roi reconquérant fondera une université triple, arabe, hébraïque et chrétienne.

Bref, le Moyen Age a connu un Islam espagnol vivant et original, dont la richesse, la pensée, la complexité, ont préparé, non moins que la Reconquête chrétienne, les grandes réussites de l'Espagne future.

II. — L'Espagne reconquérante

1. **La marche de la Reconquête.** — Dans la première moitié du VIIIe siècle se constitue, après la symbolique victoire de Covadonga (sans doute en 722) un solide État montagnard chrétien, dans les Asturies, la Cantabrie, la Galice. Les Maures ne s'installent guère au Nord d'une ligne Coimbre-Tolède-Guadalajara. Les plateaux de León et Burgos sont abandonnés aux razzias saisonnières, et dépeuplés. Mais du milieu du VIIIe au milieu du IXe siècle, des divisions internes imposent la défensive aux rois asturiens.

Cette défensive, entre 785 et 811, favorise tout de même la Reconquête, en permettant à l'Est les tentatives des Francs. Celles-ci furent surtout efficaces dans l'actuelle Catalogne du Nord, où se fonda une « marche » franque, avec les comtes de Barcelone pour chefs principaux. Dans les Pyrénées – Roncevaux le prouve – des noyaux de Basques et de Navarrais luttaient indépendamment.

Après 840, le royaume des Asturies reprend ses progrès. Il atteint le Duero, fixe sa capitale à León. Cependant, bientôt, autour de Burgos, un comte dissident fonde la Castille (932-970). Un royaume de Navarre, apparu dans les Pyrénées, atteint à Tudela l'Èbre supérieur. Ces progrès sont arrêtés par Almanzor autour de l'an 1000.

La chute du khalifat de Cordoue permet ensuite à la Castille de remporter ses premiers triomphes : les chrétiens dépassent la Sierra centrale et prennent Tolède (1080). Mais viennent les

Almoravides. Seul le Cid leur résiste, se taillant un domaine autour de Valence (1095). A sa mort pourtant, Valence est perdue. La Castille retourne à ses divisions.

Le XIIe siècle est surtout celui des victoires de l'Aragon. Ce petit royaume pyrénéen, sous Alphonse le Batailleur, s'installe à Saragosse en 1118. Il s'empare des places maures du sud de l'Èbre, Calatayud et Daroca. Puis il s'unit par mariage au comté de Barcelone qui a, de son côté, atteint à Tortosa les bouches de l'Èbre. Les Aragonais fondent Teruel en 1170. Mais ils se détournent à cette date, pour un temps, vers leurs intérêts du Midi français.

La menace almohade, au début du XIIIe siècle, amène un vigoureux effort des chrétiens, et leur union générale en 1212. Las Navas de Tolosa, victoire obtenue grâce à cette union, représente, pour l'avenir de la Reconquête, le fait militaire de plus grande portée. Dès lors le Portugal, royaume de l'Ouest, va conquérir ses provinces méridionales ; en Castille, saint Ferdinand sera à Cordoue en 1236, à Séville en 1248 ; en Aragon, Jacques Ier dit le Conquérant s'empare des Baléares entre 1229 et 1235, de Valence en 1238, de Játiva et d'Alcira, plus tard de Murcie. Vers 1270, il ne reste plus aux Musulmans que Grenade, et quelques bribes dans la région de Huelva.

De 1270 à la fin du XVe siècle, la Reconquête s'arrête. Le Portugal se détourne vers l'Océan, l'Aragon vers la Méditerranée. La Castille se déchire en luttes dynastiques, bien qu'elle ne cesse de se heurter aux Maures de Grenade et d'Afrique, mais sans succès décisif. Cette fin du Moyen Age n'est déjà plus l'ère de la Reconquête. Ella a d'autres traits, d'autres conséquences, que nous examinerons le moment venu.

2. **L'héritage de l'Espagne reconquérante.** — La lenteur même de la Reconquête lui donne son importance. Une expulsion rapide des Infidèles eût changé le sort de l'Espagne. Elle n'en eût pas modelé la structure, imprégné les mœurs et l'esprit, comme a pu le faire une croisade de plusieurs siècles. Sans doute une conscience *parfaitement claire* des fins poursuivies n'a pu guider *sans cesse* les chefs d'une Espagne morcelée, au cours d'événements décousus. Mais la pression des nécessités, dans un pays pauvre, à population croissante, a fait partout de la Reconquête *une entreprise de colonisation continue, doublée d'une guerre sainte*. La

société médiévale espagnole s'est fondée sur ce besoin d'expansion, et sur cet élan de foi.

L'Espagne – et en Espagne surtout la Castille – aura été de 711 à 1492 une société sans cesse au combat. « La classe qui combat » s'y est naturellement taillé la première place. Plus qu'ailleurs la grande noblesse y est devenue puissante ; plus qu'ailleurs la petite noblesse y est devenue nombreuse.

La première n'a point ses origines dans de grands fiefs du type français : les petits royaumes reconquérants n'avaient pas de place pour des divisions de ce genre. Mais ils connurent les grands nobles, seconds du roi dans les batailles, et que leur valeur individuelle d'hommes d'épée, et le nombre de leurs fidèles, rendaient capables de fierté et d'indépendance, de politique personnelle parfois très audacieuse dans les guerres ou dans les intrigues chez l'ennemi. Ainsi le comte Fernán-González fonda la Castille, et le Cid, symbole encore plus éclatant, se fit arbitre des querelles maures, et gouverna Valence à peu près en roi. Plus tard, après le XIIIe siècle, lors des grandes avances, et surtout dans la conquête de l'Andalousie par les Castillans, l'ascension de la grande noblesse fut d'autre nature : les rois l'assurèrent eux-mêmes par la distribution de domaines immenses, de villages entiers, de fortunes mobilières considérables. Les grands nobles, sur beaucoup de points, demeurent encore les maîtres de la propriété rurale, et des hommes de cour liés au pouvoir par la tradition.

Le rôle de la *petite noblesse*, très différent, n'a pas été moindre. Dès le début de la Reconquête, de petites armées d'« infanzones » et de « caballeros » suivaient le roi ou les grands seigneurs. Assez riches pour s'équiper, possesseurs de quelque petite terre (« hidalgos », fils de quelque chose, dira-t-on plus tard), ils resteront pourtant, dans leur majorité, sans grande fortune, et seront rejoints par les cadets de grande famille, que la coutume des « majorats », finalement généralisée, rejettera vers la carrière militaire ou vers le clergé. Ils feront les armées de Flandre et d'Italie, la « Conquête » des Indes, suite si naturelle de la « Reconquête » médiévale pour une catégorie sociale qui n'a de raison d'être que dans le combat. Ils marqueront enfin l'Espagne (quand la décadence leur interdira de s'employer au-dehors) de leurs rêves et de leur nostalgie d'aventures, de leur fierté et de leur volonté de ne pas déchoir. Ils seront Don Quichotte ou les héros picaresques. Ils deviendront les gentilshommes anachroniques, admirables ou ridicules, des romanciers du siècle dernier. Et aujourd'hui même, sous des aspects parfois très « petit bourgeois », ne retrouve-t-on pas chez le propriétaire rural et l'avocat de petite ville, chez l'étudiant ou le militaire, que le « movimiento » franquiste a utilisés, l'attitude des « hidalgos » en tant que classe, leurs espoirs et leurs prétentions, leur comportement devant le travail et la vie pratique, leur idéal qui n'est qu'un refus d'abdiquer ?

Des remarques du même genre valent pour *le clergé*, habitué par des siècles de « Reconquête », à former le cadre idéologique de toute la société, et d'ailleurs divisé, comme la noblesse, d'une part en riche et puissante aristocratie, d'autre part en masse nombreuse et pauvre, mais pénétrée de son importance et de son autorité. Une tradition vigoureuse fait du clergé espagnol un clergé militant et même militaire, que n'effraie pas (bien au contraire) l'idée de la lutte armée en faveur de la foi et de ses représentants, et qui revendique hautement la direction spirituelle (et en partie matérielle) de la société.

Précisons aussitôt que le rôle dominant du clergé et de la noblesse n'a nullement signifié, au Moyen Age, l'écrasement social ou l'effacement politique des autres classes de la société. Sans doute cet équilibre heureux a-t-il été dû au fait même de *l'expansion* par la Reconquête. Les besoins *du combat* et ceux *du repeuplement* ont imprimé à la société espagnole reconquérante de curieuses particularités. D'une part la guerre y maintint assez haut le prestige royal pour y retarder la formation du féodalisme, d'autre part les éléments populaires y jouirent d'exceptionnelles faveurs. Le travail de la terre, l'autodéfense des points reconquis, exigeaient en effet de nombreuses concessions personnelles ou collectives du type des « behetrías » (protection d'un homme ou d'un groupe par un seigneur de son choix) ou du type des « cartas-pueblas » (chartes accordées pour le peuplement). Sur cette base, même quand le système féodal s'est développé, les communautés paysannes ou urbaines ont été fortes et relativement libres. Plus tard, quand la Reconquête s'est étendue, les divers groupes reconquis (mozarabes, juifs, mudéjares) ont reçu à leur tour le statut, leurs « fueros ». Finalement la société espagnole médiévale a été régie par un complexe de « fueros ». Ils ont laissé de grands souvenirs. Ajoutons, à partir du XIIe siècle, un phénomène nouveau : alors que les faiblesses économiques congénitales de la Castille y arrêtent l'expansion des classes moyennes, le pourtour de la Péninsule – Portugal, Catalogne, Valence, Baléares – voit au contraire se constituer de véritables noyaux bourgeois, des républiques marchandes à l'italienne. Retenons quelques aspects de ces phénomènes médiévaux, où l'intervention des classes non nobles eut l'occasion de se déployer en Espagne, et dont l'influence n'est pas effacée.

Parmi eux citons les habitudes économiques communautaires de la vie rurale : communauté des bois, des parcours, parfois partages périodiques des champs et des récoltes, collectivités pastorales des hautes vallées ou des pasteurs transhumants, « communes hydrauliques » surtout, aux coutumes d'une solidité étonnante. Un « collectivisme agraire » espagnol s'opposera, jusqu'en plein XIXe siècle, aux conquêtes de l'individualisme moderne. Et, au XXe, le débat n'est pas clos.

Citons ensuite les traditions municipales des villages, bourgs et villes, qu'elles reposent sur le « concejo » élémentaire, réunion souveraine des habitants, ou, plus tard, sur des assemblées plus restreintes, sans oublier la tendance de ces municipalités à se fédérer, dont témoignent les « hermandades » de Castille, les unions de ports cantabres et basques, le groupement autour de Barcelone des bourgs catalans, qui se disent, par une fiction juridique, « rues » de la cité-capitale. Cette *force de vie locale*, ce « cantonalisme » rêvant de fédération, resteront une caractéristique constante dans la politique espagnole. Et venons-en enfin aux « Cortes » fameuses, qui représentèrent auprès de la royauté, et de ses conseillers naturels (nobles et clercs) l'élément populaire de la nation. Cette institution typique de l'Espagne médiévale est particulièrement précoce dans l'histoire des assemblées représentatives. Elle naît en effet, sûrement en León, dès avant la fin du

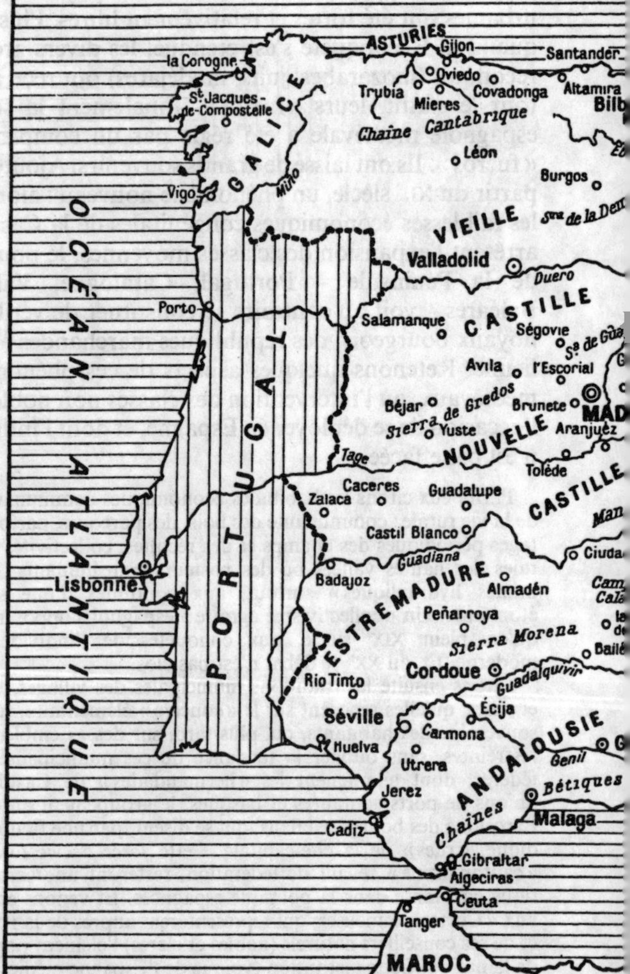
ASTURIES
Gijon
Santander
la Corogne
Oviedo
Covadonga
Altamira
Trubia
Mieres
St Jacques-de-Compostelle
GALICE
Chaîne Cantabrique
Léon
Burgos
Vigo
Minho
VIEILLE
Valladolid
Duero
Porto
CASTILLE
Salamanque
Ségovie
Avila
l'Escorial
Béjar
Sierra de Gredos
Brunete
Yuste
Aranjuez
NOUVELLE
Tage
Tolède
PORTUGAL
Caceres
Guadalupe
Zalaca
CASTILLE
Castil Blanco
Guadiana
Lisbonne
Badajoz
ESTREMADURE
Almadén
Peñarroya
Sierra Morena
Rio Tinto
Cordoue
Guadalquivir
Séville
Écija
Carmona
ANDALOUSIE
Huelva
Utrera
Genil
Jerez
Bétiques
Malaga
Cadiz
Chaînes
Gibraltar
Algeciras
Ceuta
Tanger
MAROC
OCÉAN ATLANTIQUE

FRANCE
Irun
Eibar
Vergara
Pyrénées
Jaca
NAVARRE
Ayerbe
Huesca
Ribagorza
Tudela
(Numance)
Saragosse
Jalon
Sègre
Suria
Gérone
Ampurias
Lérida
CATALOGNE
Sabadell
Barcelone
Bruch
Belchite
ARAGON
Ebre
Daroca
Jiloca
Caspe
Tortosa
Montes Universales
Teruel
ILES BALÉARES
MINORQUE
VALENCE
Maestrazgos
Castellon
Palma
MAJORQUE
Valence
Jucar
Alcira
IBIZA
Jativa
Cap de la Nao
MURCIE
Alicante
Segura
MER
Murcie
Lorca
La Union
MÉDITERRANÉE
Carthagène

XIIe siècle, et elle fonctionne normalement en tout cas, dès le milieu du XIIIe, dans tous les royaumes d'Espagne : Castille, Aragon, Valence, Catalogne, Navarre. Plus régulières, par là même moins révolutionnaires que les États généraux français, les Cortes enregistrent les successions royales, reçoivent le serment du roi aux « fueros » du pays, votent les subsides, et (suivant les régions, avant ou après ce vote, ce qui n'est pas indifférent) expriment des doléances (agravios, greujes). Cela a fait parler de « démocratie » médiévale espagnole. A condition de bien délimiter le sens ajouté aux mots, il est exact que peu de peuples ont aussi largement participé à leur gouvernement au cours de l'histoire que n'a fait au Moyen Age le peuple espagnol. On le rappellera souvent à bon droit. Et cela jouera dans la psychologie politique un rôle non négligeable.

En fait c'est surtout au XIIIe siècle que l'Espagne a connu ses heures harmonieuses. En Castille, de 1230 à 1252, règne saint Ferdinand, non moins chrétien que son cousin saint Louis, plus réaliste, car il limite aux horizons espagnols l'idée de croisade, large d'esprit car il se dit « Roi des trois religions ». En Aragon règne le vigoureux Catalan « En Jaume », le Conquérant, batailleur et poète, brutal et galant sans scrupule, mais que pourtant entourent les saints : Raymond de Penyafort, Pierre Nolasco, l'extraordinaire Raymond Llull. L'Islam recule, les cathédrales s'élèvent. C'est le triomphe général du monde chrétien.

Une réserve. Nationalement, l'Espagne reconquérante s'effrite plutôt qu'elle ne s'unifie. Le León du IXe au XIe siècle, la Castille jusqu'au milieu du XIIe, n'ont cessé de revendiquer l'héritage des souverains wisigoths ; leurs rois n'ont cessé de s'intituler « Empereurs de toute l'Espagne ». Mais l'idée s'est heurtée aux réalités. Géographiquement, la lutte a été menée à ses origines à partir de territoires montagnards, physiquement isolés. Historiquement, la guerre contre les Maures a favorisé les tentatives d'indépendance : la Castille s'est détachée du León, le Cid a failli créer l'état de Valence, le Portugal s'est développé indépendamment ; à l'est, la Reconquête au XIIIᵉ siècle, a pris la forme fédérative : Valence et Majorque, auprès de l'Aragon et du Comté catalan, ont été érigées en royaumes ; la division même de l'Espagne maure en « taifas » a favorisé ce morcellement. Asturies, León et Castille, Galice et Portugal, Navarre, Sobrarbe, Aragon, Ribagorza, Comtés catalans, se sont ainsi, pendant de longs siècles, agrégés ou désagrégés au rythme des unions matrimoniales et des successions de familles.

Chaque pays a fini par acquérir et garder la fierté de ses titres et de ses combats, la méfiance envers ses voisins. Seigneurs aventuriers, municipalités libres ont ajouté à cet esprit particulariste. Au-dessus de tous, il est vrai, planent l'unité de foi, l'esprit de croisade, le sens de la communauté chrétienne contre le Maure, que des accidents locaux, des alliances de circonstance ne doivent pas nous voiler. Mais nous reconnaissons là une manifestation – et peut-être une des sources fondamentales – d'une nouvelle dualité du fait espagnol : d'une part la tendance au particularisme, aux attachements pour ainsi dire *infranationaux* ; d'autre part la tendance à l'universalisme, aux passions idéales *supranationales*. Entre les deux, la conscience du groupe espagnol aura peine à se définir : c'est un phénomène qui dure encore.

Or, au XIIIᵉ siècle même, les principales coupures subsistent toujours, malgré d'essentielles simplifications, survenues par l'union Aragon-Catalogne en 1137, et par l'union León-Castille en 1230. Même en négligeant la Navarre (qu'un accident dynastique lie un instant à la France), et Grenade, non encore conquise, il faut bien constater une grave division tripartite de l'Ibérie entre le Portugal, la Castille et, au Levant, la fédération Aragon-Catalogne-Valence. Fait d'autant plus menaçant pour la future unité que cette division correspond à trois tempéraments chez les hommes et à trois directions naturelles dans la géographie : l'Océan, les plateaux, la Méditerranée. La fin du Moyen Age espagnol, en s'inscrivant dans ce cadre tripartite péninsulaire, influera considérablement sur l'avenir national.

III. — La fin du Moyen Age : facteurs de divergences et facteurs d'unité

1. **Les divergences du XIVᵉ siècle.** — Le XIVᵉ siècle semble en effet compromettre l'avenir de la Reconquête et de l'unification. Seule la Castille poursuit la lutte contre les Maures. Mais son efficacité politique est atteinte par des crises dynastiques, des révoltes de nobles : lutte entre les héritiers d'Alphonse X (1275-1295), minorités de Ferdinand IV, d'Alphonse XI (1312-1325), tragique duel entre Pierre le Cruel et son frère bâtard Henri de Trastamare (1350-1369), prétentions de la maison de Lancastre au trône castillan.

Or, pendant ce temps, le Portugal a pris un essor indépendant des destinées de la Péninsule : en 1383, une révolution y porte sur le trône la maison d'Aviz ; en 1385, la bataille d'Aljubarrota écarte à ce sujet l'intervention castillane. Dynastie et bourgeoisie marchande des ports vont préparer désormais les grandes navigations.

La « Couronne d'Aragon » (mal nommée, puisqu'elle comprend, auprès du très pauvre royaume intérieur, les riches régions maritimes, et puisque ses souverains sont des Catalans) subit, du côté méditerranéen, une attraction analogue. La puissance des ports, le commerce du Levant, largement développé au XIIIᵉ siècle, la chance de la dynastie – de 1276 à 1410, sept rois non sans valeur se succédant sans difficulté – tout cela porta bientôt l'Aragon à un niveau de grande puissance méditerranéenne. Ses rois occupent Tunis en 1280, interviennent en Sicile, obtiennent des droits sur la Sardaigne et la Corse, luttent auprès de Venise contre Pise et Gênes, ont au Levant de nombreux comptoirs, héritent la Morée et le duché d'Athènes des aventuriers catalans qui les ont pris à Byzance. Barcelone, avec sa cathédrale et

Santa Maria « del mar », avec le « salon » municipal de son « Consell de Cent », et la « Loge » de son « Consulat » maritime, avec le palais où siégea la Députation permanente de ses « Corts » (la « Généralité »), non loin de celui des rois d'Aragon, conserve au cœur d'une émouvante cité le souvenir de ce passé glorieux, où a pu se nourrir l'orgueil des récentes renaissances régionalistes. Dans l'expansion aragonaise il faut trouver aussi l'origine des intérêts espagnols à Naples et en Italie. On voit que le XIVe siècle ne doit pas être oublié, si l'on veut bien comprendre quelques grands faits d'avenir : indépendance du Portugal, points d'attraction multiples de l'Empire espagnol, résistance des Catalans à la primauté castillane.

2. **Les facteurs d'unification au XVe siècle.** — Cependant la prospérité du Levant est courte. Pestes et famines multipliées (1333-1436), guerre contre Gênes, mouvement populaire contre les Juifs, apparition des Turcs et piraterie barbaresque compromettent l'économie majorquine, puis l'économie catalane.

En 1410, la crise politique survient. La dynastie catalane s'éteint avec Martin l'Humain, et, en 1412, la « sentence de Caspe », décision arbitrale, met la couronne d'Aragon entre les mains d'un prince de souche castillane. Désormais la collaboration si efficace entre rois et bourgeoisie marchande barcelonaise est compromise. Alphonse V va régner à Naples et laisse les Catalans se gouverner seuls. Jean II veut les reprendre en main, et se heurte à une révolte. Pendant dix ans, les Catalans essaieront vainement de changer de roi. Jean II s'imposera enfin (1472), et, en grand politique, préparera pour son fils Ferdinand le mariage castillan, gage de l'unité espagnole. Mais la Catalogne sera devenue province et s'y résignera difficilement.

La Castille, au contraire, au XVe siècle, s'est préparée, malgré l'apparence, à son futur rôle de direction. Certes, à voir les choses de l'extérieur, elle est encore en proie au désordre. Le roi Jean II de Castille (1406-1454) est un raffiné et un faible. Son fils Henri IV (1454-1474) est un anormal qui règne sur une cour aux étranges mœurs. Mais la cour n'est pas le royaume. Celui-ci sous ces deux longs règnes, se raffermit en réalité. Économiquement il commence à se ressentir de l'apport de ses reconquêtes méridionales, et de l'existence, désormais, au nord et au sud de son territoire, de deux façades maritimes sur l'Océan : façade cantabrique, façade andalouse. Les pestes du XIVe siècle ont retardé l'effet de ces changements. Mais voici que le dépeuplement même a favorisé la seule production économique de valeur internationale dont soient capables les plateaux : la laine des moutons « mérinos », dont l'exportation fera la richesse de marchés intérieurs comme Burgos, de ports comme Bilbao. La « Mesta », corporation des éleveurs transhumants, est bien soutenue par les rois. La population croît. Les classes moyennes retrouvent un rôle sensible. Milices urbaines, clergé, petits nobles, réagissent alors vigoureusement contre la turbulence de la grande noblesse et le désordre des mœurs de la cour. Ils appuient une tentative autoritaire prématurée, celle du ministre de Jean II, Alvaro de Luna (1445-1453). Les influences mauresques et juives qui s'exercent auprès des rois et des grands font le succès populaire des prédications favorables à l'unité de foi et à l'orgueil « vieux chrétien ». Une femme recueille le bénéfice de ces aspirations : Isabelle, sœur du roi Henri IV et qui prétend à sa succession. L'opinion la préfère à Jeanne, fille d'Henri, qui passe partout pour illégitime.

Isabelle représente l'ordre monarchique contre les troubles nobiliaires, la moralité contre les mauvaises mœurs, la race reconquérante contre les Juifs et les Maures. En 1474, lorsque meurt Henri IV, elle représente encore quelque chose de plus : depuis cinq ans, elle est mariée à l'héritier d'Aragon : elle annonce l'unité espagnole. Il est vrai qu'à la même date le roi de Portugal demande en mariage Jeanne, l'autre héritière. Moment décisif. De quel côté va s'accomplir l'étape fondamentale de l'histoire ibérique ? Orient ou Occident ? Atlantique ou Méditerranée ? Dans une lutte de dix ans (1469-1479), le destin se fixe : c'est aux ambitions méditerranéennes de l'Aragon que l'Espagne moderne unira les traditions reconquérantes de la Castille. Et, dans la grande aventure coloniale qui va commencer, le Portugal se fera un Empire à part.

Le triomphe de la Castille n'en est que plus net. Car l'effacement catalan, le déclin commercial de la Méditerranée, les origines castillanes de Ferdinand et le génie d'Isabelle ne permettent pas au Levant de jouer dans l'unité espagnole le rôle qu'eût pu y jouer un Portugal en plein développement, si la cause de Jeanne eût eu la victoire. C'est donc l'esprit de la Meseta pastorale et guerrière, et celui de la période reconquérante, qui vont désormais mener le jeu espagnol. Dans la constitution de l'Espagne « moderne » (en particulier dans la conquête coloniale qu'elle entreprendra) ce qui dominera les habitudes de la vie, les formules de la pensée, ce sera l'héritage, encore, de la longue lutte médiévale, *la conception territoriale et religieuse de l'expansion, et non point l'ambition commerciale et économique*. A ce maintien de l'esprit castillan, reconquérant et médiéval – si profondément opposé aux phénomènes naissants du capitalisme – la puissance espagnole à son apogée devra son originalité, ses grandeurs, sûrement aussi quelques-unes de ses faiblesses.

Chapitre III

LES GRANDS TRAITS DE L'HISTOIRE CLASSIQUE : LES TEMPS MODERNES

1479-1598 Trois règnes, un peu plus d'un siècle. Ce temps a suffi pour apporter à l'Espagne un des plus éclatants triomphes que l'histoire ait enregistrés. Succès trop rapide, justement, pour que la solidité en fût assurée ; et qui sera suivi d'une décadence profonde. Mais qui a laissé à la nation l'orgueil explicable (encore sensible dans l'esprit politique contemporain) d'avoir été non seulement une puissance considérable, mais encore la première en date et en importance des nations fondatrices de vastes Empires coloniaux.

I. — La construction politique

1. **Apogée et faiblesses de l'unité.** — Le mariage et la bonne entente des Rois Catholiques ont assuré le fait fondamental : l'union Aragon-Castille. En 1492, les rois ont pris Grenade. Et en 1515, un an avant sa mort, Ferdinand a opéré sur la Navarre un coup de main décisif. A l'étranger, on ne dit plus désormais que « le roi d'Espagne ». Ajoutons que les rois n'ont pas oublié l'Ouest. Ce ne fut pas leur faute si les deux mariages portugais de leur fille aînée ne donnèrent qu'un héritier, qui mourut en bas âge. Mais, Charles

Quint lui-même ayant épousé une infante de Portugal, Philippe II unira un jour sous son sceptre toute la Péninsule et les deux plus grands Empires du monde. *Alors, en 1580, se placera le point culminant véritable de l'histoire péninsulaire.*

Pas d'illusion pourtant, l'œuvre était fragile. De 1479 à 1580, le Portugal, par ses conquêtes, s'était assuré une personnalité. De plus, un des premiers résultats de son union avec la Castille, fut justement pour lui la perte de ces conquêtes. C'est pourquoi, en 1640, il se révolta. L'unité espagnole proprement dite présentait-elle, au moins, plus de garanties ?

En fait, il était difficile qu'en vingt-cinq ans de règne les Rois Catholiques eussent effacé toutes les habitudes particularistes d'un long passé. Dans l'union matrimoniale, la Castille avait tenu à souligner ses droits « Tanto monta, monta tanto Isabel como Fernando » ; et elle s'était réservé (en intention au moins) le bénéfice des découvertes : « A Castilla y a León, Nuevo mundo dió Colón ». A la mort de la reine, les nobles castillans chassèrent Ferdinand, qui ne dut qu'à la folie de sa fille d'exercer de nouveau la régence. L'Aragon avait gardé sa vieille administration – l'Aragon, c'est-à-dire en réalité une fédération d'États, où la Catalogne, les Baléares, Valence conservaient précieusement leurs « fueros », leurs « Cortes », leurs douanes, leurs monnaies, leur fisc, leurs mesures. Même quand il n'y aura plus, avec Charles Ier d'Espagne (l'empereur Charles Quint) qu'un seul souverain, il faudra maintenir, dans les anciennes capitales, des « vice-rois ». Jamais les anciens royaumes n'accepteront de bon cœur les fonctionnaires et soldats « étrangers », *c'est-à-dire venus de Castille*. Pour qu'un tel esprit restât compatible avec l'unité, il eût fallu que le pouvoir central fût à la fois peu exigeant, et d'un prestige au-dessus de toute critique. Cela fut réalisé sous Charles Quint, et partiellement sous Philippe II. Mais ils n'en profitèrent ni pour miner les vieilles institutions, ni pour s'en assurer le contrôle. L'Espagne n'eut pas à temps son Richelieu, son Louis XIV. Aux premiers déboires de Philippe II, même, l'Aragon lui rappela durement de vieilles prérogatives. La première tentative énergique de centralisation fut celle d'Olivares, au XVIIe siècle, quand déjà s'épuisait la force économique et militaire du Centre espagnol. Il était trop tard pour être brutal. Le Portugal se souleva. Et la Catalogne s'offrit à la France.

L'année 1640, par ce double incident, vient mettre en lumière un des vices de construction de l'édifice espagnol. L'unité *organique* n'aura pas été obtenue entre les provinces, lorsque déjà la décadence sèmera les germes de mécontentements. Périodiquement, le souvenir renaîtra des glorieuses indépendances médiévales.

2. **L'actif et le passif de l'unification religieuse.** — En réalité, les Rois Catholiques avaient surtout prêté attention à un autre danger : le mélange des religions, des mœurs et des races. Ce mélange, qui avait fait au XIIIe siècle la souple complexité de l'Espagne, va céder la place à une passion d'unité, à un exclusivisme religieux qui caractériseront désormais le groupe espagnol. Pourquoi et comment ? C'est une histoire longue, que l'on simplifie souvent à l'excès, et qui ne commence pas aux Rois Catholiques.

Quand ceux-ci montent sur le trône, il y a déjà un siècle et demi que l'influence des Juifs dans les hautes sphères, et le travail plus humble des artisans et paysans maures au service des nobles chrétiens, excitent la jalousie des classes populaires de souche chrétienne. L'orgueil de l'origine, de la « limpieza de sangre » vient compenser chez les vainqueurs de la Reconquête la crainte d'une supériorité matérielle trop sensible chez le vaincu. L'Église, elle, craint pour la foi, car les hérésies menacent le monde, à plus forte raison l'Espagne, pénétrée d'esprit juif et maure. Le haut-clergé compte sur la controverse, mais les moines, plus proches du peuple, poussent à la conversion massive et forcée. Ainsi, des violences de 1348, qui suivent la peste, aux pogroms de 1391, qui bouleversent le Levant, et aux prédications de Vincent Ferrier, s'enchaînent campagnes de conversion et mouvements populaires. Mais les mesures des rois – mesures d'ordre et de protection – ne font qu'accentuer la fermeture des groupes. Les conversions massives donnent des « nouveaux chrétiens » suspects, et non résignés.

Le règne des Rois Catholiques, dans cette histoire de l'unité religieuse, n'est donc pas un point d'origine, mais un moment de crise et de choix. En 1478 s'installe, surtout contre les Juifs convertis suspects, le tribunal de l'Inquisition ; en 1492, les Juifs sont expulsés en masse ; en 1499, à Grenade, Cisneros se charge d'une farouche campagne de conversion. Les Maures se soulèvent. Ferdinand dirige en personne la répression. En 1502, il chasse tous les non convertis des domaines de la Castille.

Or le problème n'est pas résolu par là. Charles Quint le retrouve, à Valence et aux Baléares, comme un élément important dans la révolte populaire des « germanias ». En 1525-1526, il cherche à supprimer, dans toute l'Espagne, jusqu'au souvenir des mœurs et de la langue des Infidèles. En vain. Les « Morisques » ne s'assimilent pas. Leurs habitudes de vie, de pensée, leurs intérêts, leur organisation (ils offrent collectivement de l'argent aux rois) les agglomèrent autant que leur ancienne religion. On craint leurs liens avec les pirates de Berbérie, et avec la France. Ils sont une « minorité nationale », que combattent des armes connues : luttes scolaires, linguistiques, propagande, séparations entre enfants et parents, répression policière, confiscation des biens. L'Inquisition n'apporte à cette répression ni plus ni moins de rigueur, ni plus ni moins de scrupules qu'il n'est coutume. Et pourtant, sous Philippe II, une terrible guerre déchire encore le Sud andalou. On sait la fin : l'idée triomphe, sous Philippe III, de la nécessité d'une expulsion générale : elle a lieu, de 1609 à 1611 : perte matérielle grave pour le pays. Mais l'unité intime est cette fois achevée.

Or cette grande querelle en a rencontré une autre : le croisement, dans les esprits espagnols, de plusieurs philosophies, de plusieurs mystiques, les rendait particulièrement accessibles aux déformations de la foi. L'« illuminisme », l'érasmisme, l'audace de certains réformés espagnols, comme Valdès ou Servet, prouvèrent bien que la Péninsule n'échappait pas (et peut-être bien au contraire) à la tentation révolutionnaire en matière de religion. Mais la réaction fut vive. Le peuple et le bas-clergé appliquèrent à l'hétérodoxie les habitudes de violence contractées contre les Juifs et les Maures. Et l'idée triompha chez les souverains (surtout chez Philippe II) qu'il y avait *identité entre orthodoxie catholique et solidité espagnole*. Or l'instrument de lutte existait. Il suffit aux rois de soutenir sans cesse l'Inquisition pour qu'elle arrivât à éliminer, vers 1535, la poussée vigoureuse de l'érasmisme, et plus tard, sous Philippe II, toute tentative des protestants. A la fin du XVIe siècle, l'unitarisme triompha donc, aussi bien contre la pluralité religieuse du monde moderne que contre les vestiges de pluralité hérités du monde médiéval.

Bilan de ce résultat ? Il est encore aujourd'hui l'objet d'une controverse vivante, parfois douloureuse. Des Espagnols voient dans l'exclusivisme religieux le fondement de tout ce qui, chez eux, a été grandeur ; d'autres y voient les origines de toutes les décadences. C'est qu'ils oublient de distinguer entre deux moments. Dans l'un, sur les confins des XVe et XVIe siècles, une conjonction du sentiment des masses, de la pensée de l'Église, de la volonté de l'État, en faveur de l'unité religieuse, traduit sans doute une nécessité. La foi, chez Isabelle, n'exclut pas la prudence. Et ce n'est point par fanatisme que Ferdinand est brutal. Cisneros, impitoyable contre les dissidents religieux, est aussi – par sa réforme monastique, par son Université d'Alcalá, par sa Bible polyglotte – un grand artisan de la Préréforme. Le règne des « Rois » prépare un siècle triomphant. Si l'Espagne assimile Charles Quint, c'est qu'une forte atmosphère a été créée avant lui. Si elle conquiert un monde, l'évangélise, et dirige la Contre-Réforme, matériellement et spirituellement, c'est bien à l'unanimisme moral créé à la fin du XVe siècle qu'elle doit de vivre ces grandes heures.

Mais le mécanisme psychologique déclenché par la passion d'unité a aussi d'autres résultats. Le monde, autour de l'Espagne, change, et celle-ci ne s'adapte pas. L'unitarisme religieux en est, en partie, responsable. Il a atteint en haut l'activité financière juive, en bas l'activité agricole des Maures du Levant et d'Andalousie. Le triomphe du « vieux chrétien » signifie un certain mépris pour l'esprit de lucre, pour l'esprit de production même, et une tendance à l'esprit de caste. Au milieu du XVIe siècle, les corporations commencent à exiger que leurs membres prouvent leur « limpieza de sangre » : mauvaise préparation pour une entrée dans l'ère capitaliste. D'autre part, la place prise par l'Église dans la société ne favorise pas la production et la circulation des richesses : la multiplication du nombre des clercs, celle des institutions prévues pour la bienfaisance encombrent l'économie de classes improductives ; les confiscations de l'Inquisition, les dons aux communautés créent sans cesse des « biens de mainmorte ». Enfin les finances d'État vont être ruinées par la vaine poursuite d'une hégémonie dans l'ordre spirituel. L'Espagne, que la découverte de l'Amérique pouvait mettre au premier rang du monde économique moderne, n'a pas occupé ce rang : elle le doit, pour une grande part, à cette psychologie religieuse, mêlée d'éléments économiques et raciaux, héritée du Moyen Age en déclin. Le passif, dans ce bilan de l'unification spirituelle forcée, ne peut pas être négligé ; il prépare la « décadence », et les difficultés – sensibles jusqu'à nos jours – que rencontrera le redressement.

3. **L'État moderne.** — Politiquement, les Rois Catholiques avaient brisé la turbulence des très grands nobles et commencé leur domestication, canalisé vers l'armée l'esprit d'aventure des petits nobles, mis la main sur la maîtrise des Ordres religieux-militaires, fait de l' « Hermandad », police des villes, une police d'État. Ils avaient introduit leurs « corregidores » dans les grandes municipalités, convoqué très rarement les Cortes (pas une seule fois entre 1480 et 1497), et fait des « procuradores » dans ces assemblées des sortes de fonctionnaires. En contrepartie, ils avaient fondé, au centre, des « conseils » (de Castille, d'Aragon, des Finances, des Indes), points de départ d'une fameuse bureaucratie ; pour la Justice, une « chancellerie » et des « Audiencias ». Leur réforme monétaire, leurs faveurs à la « Mesta », leur intervention dans la guerre de libération des serfs catalans, prouvent leurs préoccupations économico-sociales. A tout point de vue ils ont marqué l'avenir.

Charles Quint se heurta pourtant à un dernier sursaut des habitudes médiévales : il écrasa à Villalar (1521) les « Comunidades » des cités castillanes dressées contre lui. Désormais l'absolutisme était assuré. La fondation de la « grandesse » et des « titres » d'Espagne figea la hiérarchie nobiliaire. Dans les Cortes, les « procuradores » des villes siégèrent désormais seuls. Enfin, le prestige international de Charles, et son hispanisation sincère, firent plus sans doute que ces mesures pour assurer l'autorité du pouvoir royal.

Philippe II poussa jusqu'à l'excès le souci de cette autorité absolue. Transportant à Madrid, puis dans le palais-couvent de l'Escorial, le centre vital de l'Empire, il hispanisa le pouvoir au point de le rendre insupportable sur certains points de ses possessions, et ralentit par ses scrupules une machine déjà peu agile. Secrétariats, conseils, « alcaldías », « cancillerías », « audiencias », devinrent à la fois coûteuses pour l'État, ruineuses pour les administrés. La Castille, moins protégée que les anciens États autonomes, fut écrasée d'impôts et progressivement stérilisée par la bureaucratie et la corruption. Sous les successeurs de Philippe II, le grand système de l'État moderne espagnol, trop vite édifié, ne fut bientôt plus qu'une façade encore imposante, couvrant un édifice singulièrement délabré.

4. **L'hégémonie extérieure.** — C'est pourtant assez tard, en 1643, que s'effondrera, à Rocroy, la « redoutable infanterie de l'armée d'Espagne », instrument forgé, lui aussi, au temps des Rois Catholiques, quand « le Grand Capitaine », Gonzalve de Cordoue, comprit les disponibilités offertes, en hommes comme en esprit militaire, par la classe des « hidalgos ».

On sait les origines de l'expansion espagnole. La politique matrimoniale des Rois Catholiques, et une série de hasards, avaient reporté sur la tête d'un héritier unique, Charles de Gand, l'Aragon et ses intérêts italiens et méditerranéens, la Castille et ses premières conquêtes coloniales, la maison de Bourgogne-Flandes, l'Autriche et finalement le Saint Empire romain. Histoire générale trop connue pour qu'il soit utile, ici, de la retracer. Nous n'en retiendrons que la valeur pour l'avenir de l'Espagne : d'une part elle lie la politique de celle-ci à l'idée d'Empire ; d'autre part elle disperse ses forces et la ruine matériellement.

Il n'est pas illogique que Charles Quint, devant l'étendue de ses territoires, ait repris autour de l'idée d'Empire, le rêve unitaire des Gibelins. Il est naturel qu'il l'ait fait sous l'influence de la tradition espagnole, en qui le Moyen Age survit, dans l'habitude des guerres évangélisatrices, dans les thèses juridico-théologiques des Universités.

Mais que Charles épuise à vivre ce rêve une force plus limitée qu'il ne l'avait cru, il suffit, pour le ressentir, de comparer le jeune et brillant vainqueur de Pavie au vainqueur soucieux et las de Mühlberg, et finalement au reclus de Yuste. Or cette fatigue est celle aussi du peuple espagnol. Quelques dizaines de milliers de bons soldats, c'est peu pour un monde. Il faut alors payer des mercenaires. Et payer aussi les voyages impériaux, les cours des vice-rois, le prestige d'un souverain du XVIe siècle. Que devient alors le budget modeste « al modo de Castilla », que les Cortes ne cessent de rappeler ? Il faut emprunter, sous la garantie des fameux revenus des Indes. Aux banquiers Fugger, Welser, Schatz, Spinolas, on doit 1 million de ducats en 1539, 6 800 000 en 1551. En 1550, les revenus d'Amérique sont indisponibles pour des années. Les taux deviennent usuraires. Des gages sont pris, aux colonies, en Espagne même : les « Maestrazgos », les mines d'Almadén. Lorsque, en 1556, Charles Quint abdique et scinde l'Empire entre son fils et son frère, il avoue un échec à la fois politique et matériel. Au jour de la grande victoire de Saint-Quentin, qui ouvre son règne, Philippe II montre une véritable hantise dans sa correspondance : le souci de la solde à payer. Le roi d'Espagne, qu'on croit couvert d'or, est paralysé par cette misère. Il fait banqueroute en 1557. L'idée d'un pouvoir universel n'est décidément plus à la mesure du temps. L'ère est venue des politiques purement nationales.

Or Philippe II ne l'avouera pas. Il donne à sa lutte contre la France le sens d'un conflit antiprotestant. Il défend la Méditerranée contre les Turcs, victorieusement, à Lépante. Seulement, dans cette glorieuse décennie – 1571-1580 – qui s'ouvre à Lépante et se ferme sur l'unité ibérique, deux menaces pèsent déjà sur les possessions de Philippe II. L'une intérieure : la révolte des Pays-Bas. L'autre extérieure : la naissance des ambitions anglaises. Or, malgré la sévérité de la répression, la révolte des « Gueux » n'a pas été dominée ; en 1597 il faut considérer la sécession accomplie. Le coup est grave moralement, comme victoire de la Réforme. Il est grave matériellement : car il brise la solidarité économique Castille-Flandres, remplace comme entrepôt mondial Lisbonne et Séville par Amsterdam, annonce la conquête par les Néerlandais des colonies portugaises. Du côté anglais, le danger est à plus lointaine portée. Avec Élisabeth la rivalité éclate. Elle durera des siècles et dépouillera l'Espagne petit à petit. L'entreprise de « l'Armada invincible » marque le désir espagnol d'en finir d'un coup avec la menace. Son échec, en 1588, assure aux nations du Nord, jusque-là médiocres, leur avenir maritime. Triomphe du protestantisme et du capitalisme à la fois. L'édifice mondial de la puissance ibérique ne sera plus dès lors de longue durée.

II. — L'élan colonial et économique

Cependant, le fait colonial espagnol reste capital pour les Temps modernes. Personne ne lui refuse la marque de la grandeur – ce qui n'est pas sans importance pour la conscience ultérieure de la nation espagnole.

Ce n'est pas un romantisme facile qui a auréolé les noms de Colomb, Pinzón, la Cosa, Hojeda, Balboa, Orellana, Mendoza, Magellan, Elcano (les « découvreurs »), ceux de Cortès, Pizarro, Almagro, Valdivia, Montero (les « conquérants »). Leurs courses passionnées, leurs surprises éblouies, leur soif d'or et d'évangélisation, constituent bien « la plus extraordinaire épopée de l'histoire humaine ». Et nullement, d'ailleurs une simple aventure, ici déshonorée par l'avidité, là magnifiée par la foi. Découverte et conquête participent de l'esprit du XVIe siècle. Esprit scientifique : les « découvreurs », dans les « Relaciones de Indias » se montrent remarquables observateurs. Esprit impérial : les conquérants, malgré querelles et ambitions, enregistrent leurs acquisitions territoriales devant notaire, gardent au roi la souveraineté, le monopole, le « quinto » (ou cinquième part des gains) ; les plus grands aventuriers, Colomb et Cortès, sont au besoin remis dans le rang. L'armature administrative coloniale durera trois siècles.

Les colonisateurs ne sont pas moins conscients dans le domaine matériel ; ils se font suivre d'instruments et de techniciens ; ils donnent des soins passionnés à ces graines, à ces plantes en pots, à ces animaux, origine de tous les champs de blé, de tous les troupeaux d'Amérique. Cependant que les mines américaines, bouleversent l'économie sous un autre aspect. Là non plus, il ne faut pas retenir que le travail forcé des Indiens. C'est d'une innovation technique, l'amalgame par le mercure, que les mines du Potosi tirent, au milieu du XVIe siècle, la possibilité de leur développement final.

Plus souvent exaltés, les résultats moraux et sociaux de la colonisation sont plus discutables, en ce sens qu'il faut y distinguer soigneusement doctrine et application.

L'application peut corriger la loi : ainsi quand certains livres, absurdement prohibés, parviennent cependant aux bibliothèques américaines. Plus souvent, hélas, la législation est admirable, et la pratique très dure. L'exploitation des Iles fut fatale à la main-d'œuvre indigène. On recourut alors à « l'encomienda », qui « confiait » à un propriétaire « les âmes » d'un certain nombre d'Indiens. Les continuelles et vaines réformes exigées par ce système paternaliste de bonne intention prouvent combien l'application en fut déplorable. De puissantes coalitions d'intérêts en garantirent les pires défauts. Les « mitas », ou travail forcé, furent aussi inhumaines. Du moins les dirigeants espagnols avaient-ils fait d'autres rêves : le 20 juin 1500, Isabelle avait libéré les esclaves que lui offrait Colomb ; elle proclama l'Indien converti entièrement l'égal des sujets d'Espagne. Ce fut un refrain des « Leyes de Indias ». De 1500 aux « nuevas leyes » de 1542, ces « Lois », témoignant d'un grand esprit de justice, font parfois évoquer les plus modernes lois sociales. La réflexion sur la Conquête suggère au théologien Vitoria la notion de droit international. Plus proche des Indiens, le dominicain Bartolomé de Las Casas, a des scrupules moins théoriques, et plus humains. Ses rapports exaltés ont nourri la malveillance anti-espagnole. Mais il est beau pour une nation colonisatrice d'avoir eu un Las Casas, et à cette date. Bien entendu, sa campagne fut impuissante ; et d'autres théologiens trouvèrent contre lui l'argument des « imperfections de la nature humaine » en défense des intérêts créés.

Il reste que l'Espagne, par la langue, la religion, le « style de vie », l'absence totale de préjugé de race, a fondé un Empire qui, pendant trois siècles, a été un élément fondamental de sa propre vie, et créé des peuples qui portent sa marque.

Les effets économiques immédiats de la colonisation sur la métropole sont plus difficiles à estimer. Un apogée de l'activité castillane au XVIe siècle, « boom » dû à la hausse des prix et aux demandes d'outre-mer, connu par la tradition, est mal mesuré. Mais le monopole de Séville, où se concentrent le commerce colonial et son administration (Casa de la Contratación), assure à la capitale andalouse un brillant rôle mondial dont, au moins quelque temps, l'Espagne profite. Il est vrai que la décadence économique vient vite, et précède le déclin général. A celui-ci survit au contraire, jusqu'au milieu du XVIIe siècle, le prestige de l'œuvre spirituelle.

III. — L'apogée spirituel. Le Siècle d'Or

Le « Siècle d'Or » de la civilisation espagnole fut un épanouissement, non un éclat brusque. Le XVe siècle l'a préparé, par les progrès de la langue, le développement de genres littéraires originaux, les raffinements de l'art « platéresque ». Isabelle a appelé des savants, favorisé l'importation des livres d'étude et l'imprimerie, donné à l'Université de Salamanque, avec ses soixante-dix chaires, un beau renouveau. Cisneros a fondé celle d'Alcalá. On sait le rayonnement de la Préréforme espagnole, de l'humanisme d'un Luis Vives. Et la Contre-Réforme a été dirigée par de hauts esprits. De plus, l'universalisme catholique ne s'y est pas exprimé, comme dans le classicisme français, par d'autres formules universelles, empruntées à l'esprit antique ; l'accent *médiéval*, l'accent *national*, l'accent *populaire* ne cesseront pas de s'y retrouver. Vivant, divers, le « Siècle d'Or » ne traduit pas seulement d'étroites élites, mais la sensibilité générale de la nation.

Il y a d'abord la lignée mystique. Elle s'annonce par les premiers inventeurs d'exercices spirituels : García de Cisneros, maître de Saint-Ignace, Ibáñez, Báñez, confesseurs de sainte

Thérèse, Alonso de Madrid, Juan de Avila, Pedro de Alcántara. Elle donne, au degré le moins élevé, le doux Fray Luis de León, au plus haut degré sainte Thérèse et saint Jean de la Croix, en qui la vie mystique trouve sa parfaite expression verbale.

Le langage mystique possède en art ses correspondances. Un Grec hispanisé compose à Tolède une synthèse du hiératisme des Byzantins, des dernières audaces du Tintoret, de l'exaltation castillane. Sa science des formes pures en fait un des maîtres de l'art actuel. Mais ces formes ont une force révélatrice. Lorsque dans la chapelle de Santo Tomé le rideau se lève sur *L'enterrement du comte d'Orgaz*, la réponse de l'ordre céleste à l'ordre terrestre, l'élancement des figures, la densité des physionomies, nous mettent en contact immédiat avec la vie intérieure de toute une époque. C'est le Greco qui donne le signe du Siècle d'Or.

Mais les années mystiques n'avaient pas ignoré l'effort de l'intelligence. Depuis longtemps (peut-être avec quelque excès) Menéndez Pelayo a fait rendre justice aux savants du Siècle d'Or espagnol. Techniciens, médecins, astronomes, botanistes, philologues comme Nebrija et Arias Montano, historiens comme Zurita ou Mariana, se succèdent du milieu du XVe au milieu du XVIIe siècle, avec un maximum d'activité vers 1580. En matière d'économie, la « décadence » inspirera les mille échafaudages des « arbitristes », mais la hausse des prix, vers 1550, suggéra déjà, à Martin de Azpilcueta, une première expression de la théorie quantitative de la monnaie.

Intellectuelles et rationnelles sont aussi les œuvres d'un Suárez, d'un Vitoria. Sur le fondement des pouvoirs et le droit des gens, ils ont déduit entièrement de prémisses théologiques une doctrine politique où prétend encore puiser l'époque actuelle, bien que probablement le latin alambiqué de Suárez soit peu familier aux publicistes qui, dans les années 40, ont fait mine de l'invoquer. Mais cette incidence contemporaine a son intérêt.

Enfin la littérature elle-même n'est pas exempte de subtilité intellectuelle. Au XVIIe siècle surtout, la passion et l'amertume de Quevedo, la mystique de Calderón, la sensibilité poétique de Góngora prendront un tour cérébral. Tradition précieuse très espagnole d'ailleurs, dont participent même Cervantès et sainte Thérèse.

Et cependant jamais les spéculations d'une élite étroite n'étouffent en Espagne la vitalité populaire en matière d'art. Prédication religieuse, théâtre, danse, chansons y gardent leur rôle du Moyen Age. La spiritualité du siècle passe dans les œuvres, si répandues, du P. Luis de Granada, plus encore peut-être dans celles de ces sculpteurs sur bois polychromé, disciples de Berruguete, généralement baroques, parfois brusquement classiques, et dans celles de leurs imitateurs, les maîtres des « pasos » de procession et des autels de village, aux figures sanglantes et tourmentées. Et de même aux constructions politiques d'un Suárez répondent de naïves mais vivantes psychologies : liberté, honneur, morale de « vieux chrétiens », capables de s'opposer violemment à la tyrannie, quitte à en appeler au roi des injustices locales. Viennent quelques génies – un Lope de Vega, un Cervantès, un Velázquez – et des synthèses seront possibles entre ces traditions profondes de la nation, et les grands élans mystiques et intellectuels.

Le théâtre schématise dans l'« autosacramental » le « mystère » du Moyen Age. Il mêle, surtout avec Lope, le pur lyrisme, l'intrigue savante ou conventionnelle, les affirmations doctrinales, religieuses, patriotiques, parfois quasi révolutionnaires, quand les dénouements classiques de « Fuenteovejuna » ou de « Peribáñez » exaltent la résistance à la tyrannie.

Cervantès a un génie moins confus. Sa vie même est une synthèse espagnole. Soldat de Lépante, captif des Maures, libéré par une confrérie, fonctionnaire plus ou moins scrupuleux du roi, catholique fidèle, mais de douteux conformisme (car fils, aussi, de la Renaissance) il médite sur son pays et son temps. Grandeur et exaltation spirituelles poussées à l'extrême, source de bon sens populaire pourtant non tarie, édifice ruiné dans un monde en essor ; et voici que les oppositions prennent vie : Quichotte-Sancho, l'idée-la réalité, l'individu-la société concrète. Comme Cervantès a le génie comique, cela fait rire. Comme il a le sens des nuances, les oppositions sont ici compénétrations. Comme il a le sens de l'universel, le conte est philosophique. Mais il est aussi *national*, et vaut *dans le temps*. Don Quichotte cherche au monde moderne des solutions médiévales : croisade, aventure, mystique d'un monde fait par les armes et poétisé par l'esprit. C'est folie, *mais uniquement par anachronisme*. Symbole de Philippe II, et d'une Espagne désormais inefficace parce que désadaptée, l'armure du Quichotte, refus d'embourgeoisement, c'est la jaquette de Charlot, refus de prolétarisation : tournants historiques, œuvres éternelles. D'avance, Cervantès est le plus subtil de ces « arbitristes », interprétateurs de la décadence. Il est au cœur de l'histoire de sa nation.

Un peu plus tard, Velázquez offrira la vision d'une Espagne plus près de l'abîme. Comme le Greco, ce peintre « pur » donne une valeur de signe à des thèmes peut-être conventionnels, mais où, comme négligemment, se révèlent un paysage – les fonds de la « Sierra » – un dernier éclat de l'histoire – « les Lanzas » – un peuple – les fileuses, les « ivrognes », les forgerons, les mendiants. Tout cela est, même aujourd'hui, accessible à l'Espagnol le plus humble. Bacchus et Apollon conversant avec le paysan andalou, avec l'artisan castillan, symbolisent cet art qui puise sans cesse à deux sources : classique et populaire, imagination et réalité. Mais l'inquiétude est là : celle de la dégénérescence d'en haut, avec les portraits de cour, celle de la dégénérescence d'en bas, avec les « pícaros » et les « bobos ». Ici encore, le génie exprime l'histoire, sans aucun système, mais avec une parfaite lucidité.

L'Espagne de Velázquez est pourtant encore prestigieuse. Elle inspire le « grand siècle » français. Vers 1650, partout, le castillan est la langue noble. Dans l'Ile des Faisans – voyez la tapisserie de Versailles – la vieille distinction de la cour castillane écrase le luxe sans goût de Louis XIV et de ses suivants. Cette supériorité, les nouveaux riches d'Angleterre, des Pays-Bas et la France même, mettront longtemps à la pardonner. Et l'Espagne aura la morgue du noble déchu. En revanche le Siècle d'Or est destiné à une renaissance de gloire. Les humiliations du XIXe siècle n'auront de compensation, chez les intellectuels espagnols, que le souvenir de ce grand passé. La « génération de 1898 » en distillera l'essence, extraira jusqu'à l'excès le jus du Quichotte. De plus jeunes iront vers Góngora et vers Quevedo. Dans toute la pensée de l'Espagne contemporaine nous retrouverons ce rôle du Siècle d'Or.

IV. — La décadence du grand Empire

L'amour-propre contemporain est allé plus loin. Il a nié la décadence. « No hay tal decadencia » a dit Azorín. Le phénomène, pourtant, est indiscutable dans son existence. Plus délicate en est l'interprétation.

L'imagination a exagéré la chute démographique ; un casse-tête statistique insoluble en est résulté. Mais la perte de population ne fait aucun doute. Ni la ruine de la Castille, de son industrie, de son élevage, de son monopole commercial, bafoué par les étrangers. La chute politique, elle, se précise et se date. Les rois (Philippe III, Philippe IV, Charles II surtout) sont de pauvres gens. Parmi les favoris, si Olivarès, dans sa passion de pouvoir, a quelque grandeur, la majorité est d'intrigants médiocres. L'étiquette, la corruption, l'intrigue atteignent l'efficacité du pouvoir central. Et l'unité nationale elle-même souffre. Nous avons dit la date critique : 1640. Le Portugal va être perdu. La Catalogne, également soulevée, sera vaincue, mais renouvellera, de 1700 à 1714, sa tentative. Hors de la Péninsule, l'effritement est irréparable. L'alliance autrichienne, contre un Richelieu et un Mazarin, n'est qu'une source d'échecs. Les traités de 1648 enregistrent la liberté des Provinces-Unies, la perte de l'Artois et de places flamandes. Celui des Pyrénées tranche en territoire espagnol la Cerdagne et le Roussillon. La Franche-Comté et d'autres fragments des Flandres sont perdus dans la lutte contre Louis XIV. Enfin, quand celui-ci accepte le trône d'Espagne pour son petit-fils, les frais de la guerre sont écrasants : perte des Pays-Bas catholiques, du Luxembourg, des possessions italiennes, Minorque, Gibraltar, d'heureuses conventions maritimes marquent les gains de l'Angleterre sur sa rivale dans le domaine naval. La date de 1713 désigne bien le bas d'une courbe. Quelle chute depuis 1580 !

Cette chute a beaucoup frappé. Montesquieu la médite à l'égal de la décadence romaine. Mais l'hégémonie est encore proche : les interprétations étrangères sont entachées de quelque esprit de dénigrement. « Causes de la décadence » et « légende noire » se recouvrent souvent. Et la réaction contre la « légende » est rarement objective. Nous sommes loin de posséder l'étude sérieuse qui décrirait l'interaction continue de la crise économique et de l'usure sociale, de la psychologie collective héritée d'un lointain passé et des responsabilités politiques proprement dites. Nous ne signalerons ici que les problèmes posés.

La chute démographique est certaine, mais mal expliquée. Est-ce misère par dépeuplement, ou dépeuplement par misère ? On a sur l'émigration outre-Océan des données précises, mais partielles. Le nombre n'est pas écrasant. Mais la qualité ? Il s'agit d'une émigration masculine dans ses 90 %, et d'éléments très actifs. Même problème pour les dissidents religieux. L'expulsion des Morisques a été ruineuse ? Pour l'estimer, il faut d'abord savoir que la plupart des dénombrements antérieurs ne comptaient pas les Morisques, et que le grand problème est de qualité. Une tendance très importante ne peut non plus s'exprimer en chiffres : celle de classes entières (cadets ruinés par le majorat) à adopter des solutions de vie démographiquement et économiquement stériles : « église, mer, service royal ». Des éléments sont encore plus délicats à classer : « étudiants » vagabonds, mendiants, domestiques, dont la vie picaresque ne favorisait non plus ni la production ni le peuplement.

Le fait économique pur est aujourd'hui mieux analysé : Hamilton et Carande ont complété les vieilles thèses d'Häbler et de Sötbeer sur l'Espagne et les métaux précieux. En gros, c'est bien un phénomène d'inflation qui, un instant excitant pour l'économie, ruine ensuite l'activité productrice. La hausse des prix commence tôt en Espagne (et n'est pas due d'ailleurs aux seuls métaux précieux). Or si elle édifie des fortunes d'abord en Espagne, ensuite l'étranger afflue, la mauvaise monnaie chasse la bonne, la contrebande est encouragée, la production économiquement impossible. Le changement de conjoncture, fondamental, est mal daté. Toutefois on ne peut croire que l'Espagne eût aussi mal résisté si sa géographie et sa psychologie eussent été différentes.

Le Castillan était-il prêt pour un rôle de direction dans l'économie moderne ? Les hommes qui avaient poussé à la découverte pour des raisons *économiques* étaient des Génois, des Flamands, des Juifs et des Aragonais de l'entourage de Ferdinand. Mais le monopole fit de la Conquête la chose des hidalgos de l'Extremadure, des éleveurs de la Mesta, des administrateurs sévillans. Les bénéfices ne seront pas « investis », au sens capitaliste du terme. Les émigrants favorisés par la chance rêvent d'achats de terres, de construction de « castillos », et de trésors. Le théâtre, le « Quichotte » enregistrent cette attitude chez le paysan et chez le « hidalgo ». Un ouvrage à la gloire de Madrid démontre ainsi sa noblesse : toute cité travaille pour Madrid ; qui ne travaille pour aucune. Des doctrines récentes se feront une gloire de cette *inadaptation de l'Espagne au capitalisme*. Mais elle a condamné le pays à l'inefficacité.

Et cependant un dernier trait. La « décadence » ne serait-elle pas aussi une crise de changement d'équilibre ? Du XVe au XVIIe siècle, les provinces centrales n'ont pas seulement joué un rôle de direction : elles ont eu une population et une production supérieures, une place *démographiquement* et *économiquement* dominante. C'est un moment exceptionnel que cette concordance entre la volonté politique du centre et sa force vraie. Mais les faiblesses géographiques, et l'héritage du passé, aboutissent, après un triomphe éclatant, à une chute dont soufre tout le pays, *tant que les parties périphériques n'ont pas compensé les effets de leur déclin du XVe siècle*. En revanche, ces parties (le Levant surtout) ont moins souffert des causes générales de décadence : émigration, hausse des prix, « hidalguisme » dans la société, ruine par la bureaucratie et l'impôt, et elles tendent à hériter, dès la fin du XVIe siècle, sur l'axe Barcelone-Gênes, du courant de circulation monétaire Castille-Flandres, interrompu par la lutte contre l'Angleterre et les Pays-Bas. Au XVIIIe siècle, elles se révéleront les plus capables de renaissance. Et un nouvel équilibre s'établira, où désormais, jusqu'à nos jours, la démographie et l'économie seront en faveur de l'Ibérie maritime. Trouvera-t-on une formule pour associer cette activité dominante à la volonté persistance de direction qui se manifestera à Madrid ? Ce problème sera des plus importants pour la période nouvelle : le temps des problèmes contemporains.

Chapitre IV

LES GRANDS TRAITS DE LA PÉRIODE CONTEMPORAINE

I. — Le XVIIIᵉ siècle et le despotisme éclairé

« L'histoire contemporaine » du peuple espagnol commence pour lui, en réalité, avec ses premiers efforts pour se réadapter au monde moderne. Ces efforts se heurtent aux formules sociales, aux habitudes spirituelles que nous avons vu naître avec la Reconquête, se fixer avec la Contre-Réforme, se fossiliser avec « la décadence » : ce conflit n'est pas terminé ; les crises récentes n'en sont que le dernier épisode. L'Espagne du temps « des lumières » en avait vu le premier, qui fut peut-être le plus fécond.

1. **Le redressement du XVIIIᵉ siècle : démographie et économie.** — De 1700 à 1800, en ordre de grandeur, la population espagnole passe de 6 à 11 millions d'âmes : considérable redressement humain. Les facteurs de décadence s'effacent : les métaux précieux affluent en Europe par d'autres voies que l'Espagne. La politique extérieure de celle-ci est limitée à des fins précises. Il n'y a pratiquement plus de persécutions religieuses, ni d'expulsions. L'équilibre même des classes se modifie, au profit des catégories productrices.

L'agriculture, élément fondamental, s'est-elle transformée sous ces influences ? Il serait imprudent de s'en tenir au témoignage de Young. En Catalogne, au

XVIIIe siècle, des documents concrets révèlent une prospérité rurale certaine. En Castille, l'attaque menée par l'agriculture contre les privilèges de l'élevage n'est pas un moindre signe de changement. Un peu partout, il y a défrichements, « colonisation », création de villages ; les grands travaux sont repris.

Le mouvement commercial frappe davantage. Dans tous les ports espagnols, les chiffres d'échange croissent. Autour de Barcelone qui reprend vie, de petits ports arment des flottes commerciales ; du cabotage et du commerce méditerranéen, ils passent au trafic avec l'Amérique.

Grande conquête du siècle que ce trafic. Pour en acquérir le droit, les corporations marchandes des divers ports firent plus que n'eût pu faire jamais l'influence des doctrines sur les ministres. La « Real Cia Guipuzcoana de Caracas », de 1728, concentra le commerce du cacao. Il y eut deux compagnies successives « des Philippines », et une compagnie barcelonaise pour les Antilles. En 1778, le libre commerce fut généralisé. Cadix, dépouillé du monopole hérité de Séville, garda pourtant sa prospérité. Aussi bien l'Amérique prospérait-elle sous le contrôle de grands vice-rois : Amat, O'Higgins, les Gálvez, Cevallos. Les commerçants de Barcelone proposent des formules de pacte colonial capables de favoriser l'industrie. Un grand ministre, le comte d'Aranda, précise un plan de fédération pour prévenir l'esprit d'émancipation dont l'exemple de l'Amérique du Nord lui fait prévoir la naissance. L'idée d'Empire politique fait place à l'idée économique d'exploitation. Malgré l'imperfection du monopole, et la contrebande étrangère, le XVIIIe siècle, – on oublie trop souvent de le signaler – est pour l'Espagne *un très grand siècle colonial.*

Capitaux formés, matières reçues, population en croissance : l'Espagne du XVIIIe siècle, enfin, s'industrialise ; la tradition mercantiliste l'y pousse d'ailleurs, en prêchant la diminution des importations, et « l'éducation populaire » (entendons artisanale et technique). Outre les manufactures royales de luxe – les industries se multiplièrent rapidement, là où les capitaux se constituaient. En Catalogne, le coton remplace la laine, les innovations techniques suivent de près celles d'Angleterre, une société de commerçants se donne pour fin d'exploiter les possibilités cotonnières américaines : petite « révolution industrielle » qui surprendrait, si on ne la rattachait aux deux grands phénomènes du siècle : renaissance démographique, refonte du pacte colonial. L'Espagne aborderait-elle en bonne place le siècle de l'industrie ? On put, un instant, le croire.

2. **Le redressement politique.** — Dès 1717, Alberoni avait fait des démonstrations de force. La politique familiale restaura l'influence espagnole sur l'Italie. En 1739, les marins espagnols brisèrent une attaque brusquée des forces anglaises. Le pacte avec la France de 1761 entraîna les déceptions du traité de Paris, mais la guerre d'Amérique permit de les compenser : on retrouva Minorque, la Floride, divers avantages coloniaux : l'attention donnée à la marine par deux bons ministres (Patiño, Ensenada) avait porté fruit. Ces succès servirent l'unité intérieure. La tradition des Bourbons était centralisatrice. La révolte catalane de 1700 lui avait donné prétexte pour s'exercer. Les privilèges locaux avaient disparu. Le « régalisme » des juristes, traduit en particulier par le « Conseil de Castille », remplaça par des « capitaineries », des « intendances », des « audiencias » les vieux organismes d'autonomie. Cependant, si cet effort réussit, c'est qu'il sut en même temps se concilier les milieux dirigeants des provinces actives. Le Corps de Commerce barcelonais obtint de Madrid, par d'intelligents rapports, la protection aux indiennes, la suppression de droits sur la production, la renaissance du « consulat » maritime, le libre commerce avec l'Amérique. Au Pays basque, l'élite « éclairée » fonde la première « Société économique des Amis du Pays » que toute l'Espagne imite. A Vergara, l'« école patriotique » exalte la technique, l'industrie, l'esprit encyclopédistes. Des provinces viennent les meilleurs hommes d'État du « despotisme éclairé » : nobles cultivés, comme l'Aragonais Aranda, l'Asturien Jovellanos ; « letrados » d'humble ori-

gine comme Floridablanca ou Campomanes ; administrateurs formés en Italie, à Barcelone, à Séville, comme Patiño iu La Ensenada.

Ainsi le centralisme *capte en réalité les forces vives de la province*. L'unité s'affirme.

3. **La pensée du XVIIIe siècle espagnol.** — Et pourtant un certain patriotisme espagnol méprise encore le XVIIIe siècle. Siècle « francisé », dit-on. Mais jusqu'à quel point ? Un Cabarrús, qui voudrait « effacer en vingt ans les erreurs de vingt siècles » ne représente qu'une exception. En revanche, l'Espagne n'est nullement tout entière derrière un Diego de Cadix qui tonne contre la nouvelle hérésie avec une violence qui fait évoquer le XVe siècle. Ce qu'il y a, c'est une majorité sociale (hidalgos, bas-clergé, paysans) imperméable aux idées nouvelles, une atmosphère qui ne « porte » pas celles-ci, et une minorité qui s'ouvre à l'esprit du siècle, *mais avec modération et timidité*. Ces classes « éclairées » ne sapent nullement le prestige royal ; elles s'attaquent à la puissance matérielle du clergé, font expulser les jésuites, sourient des mœurs dévotes, mais respectent le fond de la religion. Moratín rappelle Molière plutôt que Voltaire. Rois et ministres laissent l'Inquisition décadente faire des procès d'idéologie à des personnages très haut placés. La transformation spirituelle a donc ses limites.

Elle existe pourtant : la vision totalitaire du monde est dissociée ; la pensée redescend du ciel sur la terre ; très tôt dans le siècle, un P. Feyjóo entreprend de réviser les fausses croyances ; et les grands ouvrages du siècle traiteront d'économie sociale, en se maintenant également loin de l'ancienne politique théologique, et du rationalisme des « droits naturels ». En ce sens, la pensée espagnole du siècle est originale : Campomanes, qui passe, par ses attaques contre la « Mesta », pour un des fondateurs du libéralisme, réédite les arbitristes, et tire du mercantilisme ses idées sur l'industrie et l'enseignement ; Capmany, bon connaisseur de l'économie nouvelle, défend cependant les corporations : l'individualisme agraire, qui s'affirme contre la « Mesta », contre les biens « de mainmorte », se heurte non seulement aux habitudes des paysans, mais aux novateurs Aranda et Floridablanca. Le respect de la tradition, de l'expérience, *l'esprit historique* donnent ainsi à l'œuvre intellectuelle du XVIIIe siècle espagnol pondération, sens de la mesure ; mais ils lui enlèvent cette vigueur, cette certitude de soi qui, en France, firent le siècle révolutionnaire par excellence.

4. **Les limites de la transformation du XVIIIe siècle.** — La fin du siècle annonce, nous l'avons dit, une adaptation de l'Espagne au capitalisme : entre 1787 et 1797 le chiffre des fabricants et des commerçants gagne 250 000 unités aux dépens des classes non productrices.

La législation appuie un tel mouvement : elle s'attaque aux douanes intérieures, aux droits sur la production, sur l'importation des machines, aux excès de la réglementation ; elle interdit aux corporations l'épreuve de la « limpieza de sangre » ; en agriculture, elle favorise l'enclôture des communaux, la vente des terres royales, le « désamortissement » des biens de l'Église ; en 1805 ce « désamortissement » devait toucher 6 400 000 réaux de revenus ecclésiastiques ; dix ans plus tôt on avait proposé aux familles nobles de renoncer contre des rentes à leurs majorats. En fait, ces mesures échouèrent devant l'étendue de la réforme à réaliser. En 1787, on compte encore en Espagne 17 « cités », 2 358 « villas », 8 818 villages soumis à la juridiction des seigneurs, 3 cités, 402 villas, 1 280 villages soumis au « patronage ecclésiastique » des Ordres. D'énormes fortunes nobles s'opposent à la misère du paysan. Les propriétaires *et tenanciers* ne sont que 907 000 contre 947 000 *journaliers* ; le problème agraire moderne se pose déjà. Cette pauvreté explique l'attachement de l'Espagne rurale aux traditions communautaires, aux institutions charitables. On compte encore 150 000 mendiants. Toutes les tares de la décadence n'ont pas disparu. Charles III a heureusement limité le népotisme, la corruption, l'étiquette ; mais les milieux provinciaux et coloniaux, le bas-clergé, la noblesse rurale sont toujours attachés aux anciennes mœurs, aux vieilles prérogatives. Et la masse espagnole reste plus sensible aux appels du fanatisme misonéiste qu'aux leçons, un peu pédantes il est vrai, des écrivains « éclairés ».

Une crise de circonstance peut donc mettre en échec tout l'effort du siècle. En attendant Napoléon, la médiocrité de Charles IV va la préparer. Vers 1790, l'Espagne hésite entre rénovation et rechute. Moment émouvant, qu'une fois de plus fixe un grand génie. L'Aragonais Goya, dans ses Tapisseries, ses « Jeux » et ses « Fêtes » montre la vitalité, la joie de son siècle, les saveurs populaires des « majas » et des « manolas », des « tonadillas » de Ramón de la Cruz et de la tauromachie pour la première fois considérée comme un art. Il sait être le peintre des satires contre l'Inquisition, le portraitiste des « afrancesados », de Moratín, des ambassadeurs révolutionnaires – l'homme, donc, des audaces spirituelles. Mais (réminiscence mystique) il peint aussi la *Communion de S. José de Calasanz*, et (réminiscence médiévale) le grouillement diabolique des « Caprices » noirs. Il est, comme Velázquez, le témoin de la misère d'en bas, le peintre des mendiants et des bouges ; et celui de la misère d'en haut : sur les visages de la « famille de Charles IV » s'inscrit la déchéance d'une autre dynastie.

Les mauvais conseillers de Napoléon lui diront seulement cette déchéance. Il ne mesurera ni la vieille force instinctive du peuple espagnol, ni la récente reconstitution des valeurs économiques et intellectuelles. Mais de ces deux éléments – instinct de résistance, volonté de rénovation – qui se conjugueront contre lui, quel sera celui qui l'emportera dans le destin de la nation elle-même ? C'est le drame de la guerre d'Indépendance.

II. — La guerre d'Indépendance

Charles IV avait été un roi médiocre. Son favori Godoy, beau cadet de l'Extremadure devenu tout-puissant en 1792, à vingt-cinq ans, par la faveur de la reine, se révéla surtout néfaste dans le domaine extérieur. Il ne sut ni éviter ni animer avec foi le conflit avec la révolution française. A Bâle, l'Espagne perdit Saint-Domingue. L'alliance française, qui suivit, eut d'aussi mauvais résultats. Elle coûta à l'Espagne la Trinité, la Louisiane, et enfin, en 1805, le *désastre de Trafalgar*, qui, livrant à elles-mêmes les colonies, dissociait le bloc du monde hispanique : date essentielle pour l'avenir.

Godoy eût alors voulu faire volte-face. Iéna vint l'en empêcher. Il négocia un partage du Portugal, qui l'eût fait prince héréditaire. Mais les Français, en même temps que Lisbonne, occupèrent les places de Catalogne et de Navarre : l'indépendance espagnole était menacée. L'opposition contre cette politique montait : un complot de cour tenta de substituer au roi son fils Ferdinand, qui, découvert, dénonça ses amis, montrant une âme assez lâche. Or l'opinion crut voir en lui un héros martyr. Le 17 mars 1808, à Aranjuez, comme Murat marchait sur Madrid, et que Godoy et Charles IV songeaient à la fuite, une émeute les renversa, proclama roi Ferdinand. Murat ne reconnut pas le fait. Mêlant promesses et menaces, il envoya les souverains porter leur querelle à Bayonne, devant l'empereur. Cependant, comme on voulait faire quitter l'Espagne aux derniers membres de la famille royale, la foule madrilène, saisissant soudain le sens de ces départs successifs, se lança héroïquement contre les Mamelucks de Murat : c'était le « dos de mayo » 1808 : la guerre d'Indépendance était commencée.

1. **L'insurrection et ses caractères.** — C'est le « style » de cette insurrection qui nous intéresse, car il évoque de plus récentes visions : premier exemple de ces orages de passion collective qui, plusieurs fois, aux XIXe et XXe siècles, secoueront le peuple espagnol, alternant avec des périodes de dépression et d'indifférence, et par là surprenant toujours les gouvernements. Entre le 20 et le 30 mai 1808, les Asturies, l'Aragon, la Galice, refusèrent l'obéissance aux autorités qui « collaboraient » avec les armées françaises. Dès les premiers jours de juin, à peine savait-on que Joseph Bonaparte

était désigné comme roi, que déjà les Français étaient battus au Bruch, en Catalogne, et harcelés sur le Guadalquivir. Complot, ou phénomène d'unanimisme ? Peu importe. Le mouvement est profond. Il entraîne (c'est significatif) toutes les provinces. Et il est sensible dans toutes les classes, bien que l'élan y soit inégal. « Les honnêtes gens ne me sont pas plus fidèles que la canaille » dira Joseph. L'Espagne a donc affirmé sa cohésion, sa valeur de groupe.

Et pourtant, le mouvement n'est pas seulement anti-étranger. Il prolonge aussi l'émeute d'Aranjuez, exprime un mécontentement *intérieur*, et l'espoir dans l'exilé Ferdinand, prince de légende. Seulement, tous les Espagnols ne mettent pas les mêmes images derrière ces rancunes et ces espoirs. Pour les uns c'est l'œuvre du XVIIIe siècle qu'il faut reprendre, la France qu'il faut imiter en lui résistant. Pour les autres, c'est l'absolutisme patriarcal que Ferdinand représente, la garantie de la tradition, des « fueros », de l'anti-individualisme économique médiéval, l'intime union du religieux et du politique. En un mot Espagne « libérale » – Espagne « carliste », « l'Espagne rouge » – « Espagne noire », existent déjà, conjuguées contre l'ennemi, et cependant en contradiction profonde.

Le combattant moyen lutte contre le Français « athée ». Une fois de plus l'agitateur religieux triomphe. Le « guerrillero » se couvre d'images pieuses. Et c'est la Vierge du Pilar qui « ne veut pas être française ». Ce souffle religieux-national, toutefois, n'est pas un conformisme passif. Les insurgés des premiers jours ont pris un plaisir visible à massacrer les autorités ; le défilé des vainqueurs de Bailén ne rassure pas la bonne société madrilène ; la rue accuse celle-ci de passivité. Joseph a comparé le mouvement espagnol à l'an II français. On sent que cette combativité populaire au service de la religion et de la tradition peut se retourner contre elles. Ce retournement sera l'histoire du siècle suivant.

Paradoxalement, la direction de cette masse échoit à la toute petite minorité imbue d'esprit « éclairé ». C'est que le nombre n'est pas grand des politiques capables de s'élever au-dessus du niveau des agitations locales. On va donc rechercher les hommes du « despotisme éclairé ». Le vieillard Floridablanca, le scrupuleux Jovellanos doivent présider la « Junte centrale » de résistance, péniblement issue des « Juntes » provinciales. Puis des « Cortes » sont réunies à Cadix. Or c'est une représentation encore plus artificielle ; il n'y a pas eu de vraies élections ; des avocats, des intellectuels, des négociants, des « Américains », libéraux en majorité, légifèrent au nom de l'Espagne. Mais sans aucun contact, dans Cadix assiégée, avec le peuple des « guerrillas ». Dans les « guerrillas » des actes sans idées, aux « Cortes » des idées sans actes, a un jour observé Karl Marx. Ce divorce entre la combativité populaire et le personnel politique va rester caractéristique du XIXe siècle. Autre trait de la guerre : l'Espagne retourne à son « invertébration », à ce « fédéralisme instinctif» dont a parlé Menéndez Pelayo. Le maire du village de Móstoles déclare directement la guerre à Napoléon. La Junte des Asturies traite avec l'Angleterre comme « haute partie ». La constitution de la « Junte » centrale donne lieu à de curieuses propositions *fédérales*. En fait le pouvoir s'atomise. Et cela gêne Napoléon. Mais Wellington, organisateur d'une patiente guerre de matériel, est assez méprisant pour l'efficacité de la méthode espagnole.

Un certain pharisaïsme anglais en dénonce aussi « l'inhumanité » ; c'est que l'Espagnol mène la guerre cruellement, comme une affaire personnelle, par la vengeance au couteau, que les exactions françaises justifient bien ! Il garde aussi du Moyen Age un goût du macabre spectaculaire, une tendance à l'hallucination collective. Mais quelle noblesse chez un Jovellanos ! Quelle grandeur dans ces Cortes qui légifèrent pour l'avenir sur le seul mille carré libre du territoire ! Et quelle bonne humeur, quelle floraison d'esprit dans les épigrammes et les chansons ! L'Espagne se révèle alors à l'Europe, au romantisme, à Stendhal. Et l'étonnant succès de ce moment historique combat un instant chez elle le complexe d'infériorité né du temps de la décadence. En revanche, elle ne subit pas de plus profonde transformation.

2. **L'échec des essais constructifs.** — Il n'eût pas été illogique, chez les Espagnols « éclairés », de tradition cosmopolite et autoritaire, d'attendre de Napoléon un despotisme à la Charles III. Pourtant, une fois déclenché le mouvement populaire, les « afrancesados » par conviction purent se compter. Napoléon et Joseph en furent déçus. Ils avaient attendu plus de partisans.

En fait les confidences de Napoléon justifiaient la méfiance espagnole. Les réformes ne couvraient que l'esprit de conquête. L'empereur paralysa les bonnes intentions de son frère. Et les généraux, par un véritable pillage, paralysèrent celles des administrateurs.

La rénovation par Napoléon ne pouvait réussir. Mais on pouvait tenter une rénovation *contre* lui. Plusieurs textes des « Juntes » insurrectionnelles expriment cette pensée. Et c'est bien l'intention des Cortes de Cadix. De 1810 à 1812, la majorité libérale y réduit à la défensive les « serviles », partisans de la vieille Espagne.

Comme au XVIIIe siècle, le libéralisme espagnol n'hésite pas à se référer à la tradition, et respecte la fidélité religieuse. Mais il s'attaque au pouvoir matériel ecclésiastique, supprime l'Inquisition, pousse au « désamortissement » des biens de l'Église. Politiquement, sa « constitution » transpose les principes français : souveraineté nationale, division des pouvoirs, libertés fondamentales, Chambre élue pour deux ans au suffrage indirect et votant obligatoirement la loi des finances, roi constitutionnel armé du droit de veto, organisation uniforme des municipes et des provinces. Surtout, le 6 août 1811, les juridictions de « señorio » sont abolies, avec tous les privilèges « exclusifs, privatifs et prohibitifs ».

C'était la conclusion de l'évolution du siècle. La crise semblait se clore sur l'enregistrement juridique d'une nouvelle structure de la société.

Pure apparence : la coupure entre les Cortes et la nation eut ses conséquences ; l'œuvre constitutionnelle fut ignorée. Malgré la réunion de Cortes ordinaires, la foule fut surtout frappée par la défaite française et par le retour du roi. Les intrigues allèrent leur train. La bienvenue du général Elío, une adresse des députés « serviles », les acclamations populaires de Valence et Madrid autorisèrent Ferdinand, en mai 1813, à annuler entièrement l'œuvre gaditane. Et à confondre dans la répression « afrancesados » et libéraux patriotes. *Échec, non seulement de quelques années, mais de tout un siècle.* La masse de l'« Espagne noire » triomphait de la minorité « éclairée ». La guerre, finalement, avait compromis les fondements économiques, et la réaction les fondements juridiques qui eussent adapté l'Espagne au siècle économiquement capitaliste et politiquement libéral. Dans l'Occident européen, l'anachronisme espagnol demeure.

III. — Les tâtonnements du XIXe siècle

Pittoresque ou fastidieuse suivant le ton adopté, l'histoire politique du XIXe siècle espagnol n'est qu'un enchaînement d'intrigues, de comédies et de drames. Nous la résumerons brièvement, puis en dégagerons quelques traits.

1. **Le XIXe siècle politique (1814-1917).** — A) *Ferdinand VII (1814-1833).* — Ce règne est caractérisé par la brutalité et la médiocrité du pouvoir. L'échec de la rénovation tentée en 1812 est accentué, et l'Empire définitivement brisé.

De *1814 à 1820*, règne une « camarilla » méprisée de valets de cour. Généraux et guerrilleros complotent. En Amérique, le général Morillo et ses 20 000 hommes, terrorisant Bogotá, n'empêchent pas l'émancipation de la Colombie.

De *1820 à 1823* se place un célèbre intermède. Dans Cadix, toujours agitée, réussit un complot au sein d'un corps expéditionnaire colonial. Le colonel Riego parcourt l'Andalousie, proclamant la Constitution de 1812. Au moment où il perd ses forces, une autre révolte surgit en Galice. Le 10 mars, le roi effrayé, accepte la Constitution. Les classes bourgeoises accueillent bien le retour des « hommes de 1812 ». Mais à Madrid s'agitent les « exaltés ». Les modérés tombent. Une régence absolutiste intransigeante, « apostolique », se forme en Urgell. Le roi ne demande qu'à effrayer l'Europe. A Vérone, Chateaubriand demande l'intervention. « Cent mille fils de Saint-Louis » traversent l'Espagne. Les généraux esquivent le combat. Ferdinand, rétabli dans tous ses pouvoirs, supprime entièrement la législation libérale.

De *1823 à 1833* se déroule alors « l'ignominieuse décade », dit la tradition libérale. Riego et ses amis sont exécutés. En 1825 on fusille le plus populaire des « guerrilleros », l'Empecinado. En 1826, les Bazán. En 1831, Torrijos et Mariana Pineda, coupable d'avoir brodé un drapeau. Mécontents malgré tout, les fanatiques « apostoliques » forment des bandes ; leur espoir est l'avènement de don Carlos, frère du roi. Or, en 1830, de sa troisième femme, Marie-Christine, Ferdinand a eu une fille. Contre elle les partisans de don Carlos invoquent la tradition bourbonienne, la « loi salique ». Pour ne pas déshériter sa fille, Ferdinand doit faire quelques avances aux libéraux. Le pouvoir se détend, les finances et l'économie se redressent. Mais, depuis 1824 et le malheureux combat d'Ayacucho, l'espoir de recouvrer les grandes colonies d'Amérique est pratiquement perdu.

B) *L'ère des pronunciamientos (1833-1875).* — De *1833 à 1840*, Marie-Christine est régente au nom de sa fille Isabelle II. Mais don Carlos a été proclamé roi par ses partisans. Sept ans va durer la « première guerre carliste ». La guerre intéresse surtout le Nord, et les montagnes navarraises, catalanes, valenciennes. Madrid n'est menacé qu'une fois, en 1838. Cependant, la régente a d'autres soucis. Libérale par force, elle veut gouverner par les modérés : l'opposition monte. En 1835 une épidémie déclenche à Madrid une émeute populaire contre les couvents. Martínez de La Rosa doit céder le pouvoir à Toreno, puis au banquier Mendizábal, avec qui, un instant, l'anticléricalisme triomphe. En 1836, à la Granja, des sous-officiers imposent à la Régente la Constitution de Cadix. Elle arrive, en 1837, à lui faire substituer un « statut » modéré. En 1839, quand « l'accolade de Vergara », entre Espartero et le carliste Maroto, semble terminer la guerre, la régente croit pouvoir affirmer son autorité. Mais Espartero, « progressiste », « se prononce » contre elle. Elle s'exile, et le général, « duc de la Victoire », est nommé régent.

1840-1843. La popularité du régent est brève. Il gouverne avec une « camarilla ». Il fusille des généraux soulevés. Il bombarde Barcelone après une émeute. Il n'est plus dès lors que « l'ayacucho » (allusion à un rôle colonial fort peu glorieux). En 1843, les villes s'agitent ; les modérés (généraux Narváez, Concha) rentrent d'exil. Bombardant Séville au passage, Espartero s'embarque pour Londres.

1843-1854. Isabelle proclamée majeure, les modérés l'utilisèrent contre les progressistes. González Bravo, puis Narváez forgèrent les outils de l'autorité : en 1843, la « Garde civile », en 1845 une Constitution très favorable à l'exécutif. En 1848, par une opération sanglante, Narváez prévint la révolution. En 1847 les « guerrillas » carlistes réapparurent.

Le mariage de la reine avait soulevé un problème international. On le résolut en donnant à Isabelle un mari insignifiant. Mais bientôt les intrigues de favoris furent la fable publique. D'autres scandales survinrent : fortune du financier Salamanca, corruption autour du ministre Sartorius. Narváez s'étant effacé, en 1851, devant ce personnel de moralité douteuse, la réaction se produisit sous la forme d'un « pronunciamiento » de progressistes et de modérés, généraux et politiciens : c'est la « vicalvarade » de 1854 (du nom du combat de Vicálvaro) ; elle mit en vedette un nouveau général : O'Donnell, et fit réapparaître Espartero.

1854-1868. Ce duumvirat fut court. Débordés par des agitations populaires en Andalousie, les deux personnages furent successivement éliminés par la reine. De 1856 à 1868 alternèrent alors Narváez et ses modérés, O'Donnell et son centre gauche (« Union libérale »). Mais des partis démocratiques naquirent : républicains de Castelar et Salmerón, « fédéralistes » de Pi y Margall. Et des incidents extérieurs (Maroc, Chili, Mexique) firent entrer en scène d'autres généraux : Serrano et Prim. Prim, en quatre ans, tenta sept pronunciamientos, dans la tradition progressiste. Le pouvoir s'usait. Narváez et O'Donnell moururent en 1868. La reine, par sa vie privée, était unanimement considérée comme « insupportable ». González Bravo voulut réprimer l'agitation et se rendit odieux. Flotte, garnisons, « juntes » locales, en septembre 1868, proclamèrent « les libertés fondamentales », le suffrage universel. Serrano, pris pour chef, battit les troupes de la reine, qui gagna la France.

1868-1875. Serrano et Prim, gouvernants provisoires, convoquèrent des Cortes. Elles furent brillantes et votèrent une Constitution très démocratique, mais monarchique. Or il fut difficile de découvrir un roi. Et, le jour où arriva Amédée, fils du roi d'Italie, quand il eut accepté le trône, Prim fut assassiné (30 décembre 1870). Le roi, seul, se lassa d'une situation difficile : rivalité Sagasta-Ruiz Zorrilla, reprise de la guerre carliste, agitation sociale de « l'Internationale ». Il abdiqua, et la République fut proclamée (février 1873). La tendance en fut fédérale, le Catalan Pi y Margall élu président. Mais l'influence anarchiste transforma le fédéralisme en « cantonalisme » ; des « communes » se proclamèrent libres. Pi se retira plutôt que de sévir violemment. Salmerón ne voulut pas davantage user de la peine de mort. Avec Castelar, qui le remplaça, vint au pouvoir la République unitaire et autoritaire. Trop tard. Le général Pavía, le 3 janvier 1874, fit dissoudre les Cortes par la force. Une dictature provisoire prépara la Restauration en faveur du fils d'Isabelle, Alphonse XII, qui vint d'Angleterre flanqué d'un précepteur expérimenté : Cánovas del Castillo, « conservateur-libéral ».

C) *La Restauration (1875-1917).* — Nous considérerons ici la Restauration jusqu'à la date de 1917, qui ouvre les crises contemporaines. L'ensemble de la période se caractérise par l'alternance au pouvoir – « turno político » – des deux grands partis, conservateur et libéral, entourés de deux oppositions surtout théoriques : carliste et républicaine.

De *1875 à 1885*, la guerre carliste achevée, une habile Constitution assure localement le pouvoir aux petits chefs ou « caciques », nationalement le « turno » des deux partis. Le grand homme a été Cánovas. En 1885 le roi mourut prématurément. La reine attendait un fils, et elle prit la régence.

De *1885 à 1902*, les partis avaient signé une trêve ; le personnage dominant fut le libéral Sagasta. La dignité discrète de Marie-Christine fut appréciée, mais un désastre survint. Contre l'autonomisme à Cuba, et la révolte aux Philippines, la répression échoua, et l'intervention des États-Unis révéla à l'Espagne sa faiblesse réelle. Cette fin de l'Empire, en 1898, souleva l'opposition chez les intellectuels, et dans les régions actives (Catalogne et Pays basque). Il fallut envisager de grands changements.

De *1902 à 1917*, sous Alphonse XIII, cette tension s'aggrava. Le conservateur Antonio Maura eut de l'envergure, mais se fit haïr. Le libéral Moret se contenta d'intrigues à courte vue. Les plus graves problèmes se posèrent en Catalogne, par l'anarchisme ouvrier, et le régionalisme intellectuel et bourgeois. En 1906, se manifesta aux élections la « Solidarité catalane » ; en 1909, une levée de troupes pour le Maroc fit éclater à Barcelone la « semaine tragique », qui se conclut par l'exécution de Ferrer, pour responsabilité idéologique. Maura subit alors un interdit absolu, qui amena au pouvoir le libéral Canalejas. De 1910 à 1912, celui-ci tenta, avec énergie, de résoudre le problème marocain, de limiter la puissance du clergé, d'offrir aux Catalans la « Mancommunauté », organe d'autonomie partielle. Mais Canalejas tomba à son tour, victime d'un anarchiste. Romanones, García Prieto alternèrent alors avec Dato, rival de Maura. Puis vint la guerre européenne. Germanophiles et « aliadophiles » (sauf exception droite et gauche, autoritaires et libéraux) s'affrontèrent. La neutralité fut gardée. Mais la vie chère, le rôle accru des masses industrielles finirent par entraîner, en 1917, une crise grave, épisode initial des troubles contemporains.

2. **La vie politique espagnole au XIXe siècle.** — Hésitante, papillotante, la vie politique espagnole du XIXe siècle reste *à la surface* de la société. Au XXe siècle, les enjeux seront plus graves, les masses plus engagées. Mais les habitudes prises joueront : il est utile de les connaître.

Les souverains n'ont pas assumé le rôle de direction que l'Espagne leur avait offert en 1813.

Ferdinand VII resta le pauvre intrigant de 1808, instrument de conseillers mal choisis, cédant à la peur, cruel par vengeance. *Marie-Christine* eut de tout autres capacités ; mais, libérale par position, elle dut ruser avec ses propres soutiens, et, cible désignée aux médisances carlistes, elle fut, par son mariage avec le garde du corps Muñoz (il fallut titrer, doter sept enfants), un trop beau sujet d'épigrammes. *Isabelle* fut pire, défaisant et faisant, non sans duplicité, les ministères « au rythme du rigodon », elle offrit, par ses liaisons, aux carlistes et aux républicains, plus d'occasions encore de s'indigner ou de rire. Il est vrai qu'une révolution décevante fit ensuite goûter la sagesse d'Alphonse XII, la dignité de la seconde régente : point assez pour que la monarchie fût tenue quitte du désastre colonial. Enfin, *Alphonse XIII*, personnalité plus forte, chercha son prestige dans sa jeunesse, son ironie, son « casticisme » espagnol un peu théâtral. Cependant, il préféra le pouvoir au métier, et les « secrets » aux responsabilités. Après 1920, la constatation s'impose : il était devenu, comme jadis sa grand-mère, « insupportable » au peuple espagnol.

Ainsi, tandis que les monarchistes de cœur s'étaient hypnotisés sur la solution carliste, la branche discutée n'avait pas acquis ce respect des masses qui, en Angleterre ou en Suède, font la solidité de la monarchie. Celle-ci ne put devenir en Espagne en aucune occasion, au cours des crises contemporaines, un signe utile de la communauté.

Constitutions et parlementarisme. — La tradition démocratique ne s'est pas, il est vrai, cristallisée davantage : les textes constitutionnels qui ont enthousiasmé (ceux de 1812 et 1869) n'ont eu que de brèves applications. Les autres (1834, 1837, 1845, 1856) furent des compromis imposés. Celui de 1876 fut plus durable. Il admit le suffrage universel en 1890, et régla le jeu jusqu'en 1923. Mais ce parlementarisme ne put résoudre les crises graves : en réalité, il n'exprimait pas le pays.

Non que le parlementarisme répugne à l'esprit espagnol. L'élite espagnole au contraire a un goût très marqué pour l'idée juridique, pour la subtilité constitutionnelle. Et le talent oratoire, du verbe fleuri de Martínez de La Rosa au verbe ardent de Castelar, lui a inspiré plus d'admiration que les qualités de gouvernement. Le public plus large ne se passionne pas moins pour les « mots » des vedettes parlementaires, et assiste à leurs joutes comme à un spectacle grisant.

Le XIXe siècle lui a offert, il est vrai, plus de comédies que de drames : complots, intrigues, et quelquefois corruption. Celle-ci a rarement atteint les grands politiques. Mais leur clientèle n'a pas été pure : les scandales municipaux des grandes villes ont été courants. Sous la Restauration, le « turno » politique a impliqué enfin l'alternance du personnel dans la sinécure administrative. La fonction publique est devenue bénéfice, et non pas métier. Le peuple a comparé la politique à « la côtelette » : à chaque côté son tour d'être au feu. Les humoristes ont décrit le type social du « cesante », fonctionnaire en disponibilité qui attend le retour « des siens » en arpentant la Puerta del Sol. En province, le spécialiste et le bénéficiaire de l'activité politique, c'est le « cacique » : sénateur de petite ville ou agent électoral de village, il doit son rôle à la tradition familiale ou à l'extension d'un fait social. En Andalousie il distribue le travail, il est l'agent du propriétaire. Mais l'élection, ainsi, est privée de sens ; on est élu sans concurrent, par convention ou par fraude ; et l'électeur ne contrôle pas. Les Cortes sont un club où alternent la discussion académique et la querelle budgétaire ou douanière. Le pouvoir, au besoin, recourt à l'arbitraire. L'arbitraire, disait à peu près Unamuno, est le régime naturel du peuple espagnol, qui le tempère en haut par le « pronunciamiento » et par l'anarchie en bas. Boutade, mais qui dit bien pourquoi aujourd'hui encore, l'Espagne pense moins Roi ou Parlement qu'Armée ou Révolution dans la rue.

Le « pronunciamiento ». L'absence de vrai problème extérieur, l'irrégularité du recrutement, l'inculture des troupes, ont longtemps empêché l'Espagne d'avoir une armée populaire. L'officier y a compté plus que le soldat, la troupe ordinaire moins que les corps spéciaux. Pourtant, ce n'est pas une armée de caricature. 1808, la guerre carliste, les répressions coloniales l'ont forgée, entraînée. Mais avant tout pour les conflits intérieurs. Sans être une émanation nationale, l'armée est une force, capable d'incarner une politique. Un mécanisme classique se déclenche périodiquement. Des exilés, des sociétés secrètes, souvent l'intrigue étrangère, confusément encouragés par un secteur d'opinion, et sachant les voies légales fermées par la pression gouvernementale, font choix d'un général. C'est un chef en exil, au moins en disgrâce. Le coup partira donc d'un port de débarquement ou d'une place éloignée. Un manifeste y sera lu aux troupes, qui sortiront des casernes. Des arrestations seront opérées, les autorités changées. Estafettes ou télégrammes sommeront les autres garnisons, préalablement travaillées, de « se prononcer » dans le même sens. Madrid se dira maître de la situation (ce sera vrai souvent : pour sept ou huit pronunciamientos réussis, il y en eut des dizaines qui échouèrent). Mais si le complot était mûr, la résistance durera peu. Jamais un pronunciamiento n'a déclenché de guerre civile. Jusqu'en 1936 : et ce sera un grand changement.

En revanche il ne s'agit pas de querelles de comédie. Les malchanceux morts au poteau sont plusieurs dizaines. Et les vengeances sont hallucinantes : pour s'être opposé au « coup des sergents », en 1836, le général Quesada est assassiné : ses doigts coupés, portés au « Café Nuevo », servent de cuillère à punch à ses ennemis.

Y a-t-il une orientation dans des luttes si dures ? Au début les jeunes officiers sont libéraux, maçons, novateurs. Plus tard les chefs autoritaires, comme Narváez, sauront l'emporter. Mais le « général du peuple », démocrate ou qui se croit tel, aura bien été un type du XIXe siècle. En 1868-1873 se place sans doute le vrai tournant : devant la volonté révolutionnaire du peuple, et l'idéologie nouvelle des intellectuels, l'armée se trouve de plus en plus rejetée vers « l'ordre » : ordre moral, ordre social. Cependant toute équivoque n'est pas dissipée. Des souvenirs, des traditions (maçonniques en particulier) rendent encore possible, en 1930, un « pronunciamiento » républicain, et le soulèvement militaire de 1936 invoquera, auprès de certains esprits, l'habitude du coup d'État « contre l'arbitraire ». L'illusion ne durera pas, et, socialement, l'armée est désormais bien classée. Mais on voit en combien de sens divers a pu jouer la coutume du « pronunciamiento ».

Guerres civiles et émeutes. — La remarque est la même pour les habitudes d'agitation spontanée du peuple espagnol. Parmi celles-ci on peut classer les guerres carlistes ; leur psychologie est celle du soulèvement de 1808 ; la prédication catholique et absolutiste des religieux et des chefs locaux y garde le même caractère démagogique, lié à la défense des « fueros » régionaux, des habitudes communautaires agraires. Sur trois foyers carlistes (Pays basque, Navarre, Haute Catalogne), deux sont aujourd'hui ralliés à un autonomisme démocratique : est-ce sans signification ? En tout cas les guerres carlistes annoncent 1936 : villages soulevés, haines inexpiables entre familles, rôle des militaires et du clergé dans le mouvement.

De tout autre nature est l'agitation andalouse. Des traditions séculaires y sont périodiquement réveillées par la misère, la soif de terre : partages de propriétés, coupes illégales de bois, incendies de fermes, massacres de « caciques » ou de gardes. En 1856, 1861, 1873, 1876, 1892, ces jacqueries se produisent, précédents d'une agitation dite « communiste » depuis qu'elle a repris en 1917-1919.

L'émeute urbaine, de son côté, *précède* l'organisation des partis et des syndicats. Dans les coups de colère urbains de 1827, 1835, 1840-1842, 1871-1873, 1909, on reconnaît toutes les tendances contemporaines, indûment attribuées souvent à de récentes « propagandes » : dès 1830-1840 l'attentat social individuel sévit à Barcelone ; en 1842 et 1873 on y distingue les tendances au particularisme « fédéraliste » et cantonaliste ; enfin et surtout, de 1835 à 1909, la tradition est continue de l'attaque contre les couvents et les religieux, chargés par l'esprit populaire de responsabilités parfois mythiques (comme lors du choléra madrilène), parfois réelles (quand on les accuse de favoriser répressions et contre-révolution). Avec les mêmes procédés, « l'Espagne rouge » se retourne contre « l'Espagne noire » des campagnes antihérétiques et des guerres carlistes.

Pour comprendre les années 1930-1939, il ne faut pas ignorer ces putschs urbains, ces émeutes agraires, cette alternance d'un parlementarisme oratoire et juridique avec l'habitude du coup d'État. Mais au XXe siècle les germes de lutte auront plus de virulence. Entre 1814 et 1917, les *problèmes de fond* se sont aggravés.

IV. — Les problèmes fondamentaux

1. **Démographie et économie.** — Les faiblesses espagnoles du XIXe siècle ne sont pas la décadence du XVIIe. Elles ne signifient pas perte de substance humaine, mais adaptation difficile à un progrès démographique constant. En effet, de quelque 11 millions en 1808, la population espagnole passe à 15,5 millions d'habitants en 1857, à 18,5 en 1900, à 24 en 1935 : rapide montée pour un pays pauvre. L'Espagne arrive, avec le XXe siècle, à une *densité critique*, exigeant un stade nouveau de technique et d'économie. Or les modes possibles d'adaptation : intensification agricole, industrialisation, impérialisme, demanderaient des capitaux, de l'esprit d'entreprise, des bases coloniales : éléments que l'Espagne, après avoir failli les constituer, a perdus dans la crise qui ouvre le XIXe siècle. Ou plutôt, il y aura adaptation *inégale* : l'Espagne agraire opposera au capitalisme des obstacles matériels, juridiques, psychologiques : l'Espagne industrielle, pour vivre, devra

s'abriter derrière un protectionnisme vite pesant pour la majorité rurale de la nation. Le problème reste sans gravité tant que le progrès agricole précède le rythme démographique : dans le premier tiers du siècle, l'espace cultivé passe de moins de 3 à plus de 5 millions d'hectares ; en 1829 l'Espagne exporte du blé ; mais les limites de cette solution apparaissent vite.

2. **Les problèmes agricoles.** — A) *Technique et économie.* — L'Espagne sèche (plateaux et bassins) n'a jamais pratiqué qu'une culture extensive : « dry-farming » spontané adapté au climat, mais qui signifie récoltes espacées, rendements minimes. Au surplus, l'élevage y fut longtemps dominant. Quand les cultures s'étendirent, joua vite la loi des rendements dégressifs ; à la fin, après un progrès dû aux engrais, une limite apparut : inférieure, pour le blé, à 9 q/ha ! De nouveaux défrichements devenaient absurdes. Les seuls succès avaient été obtenus, en fait, par *localisation, intensification, spécialisation* des cultures méditerranéennes. Mais, pour étendre ces succès à l'Aragon, au sud-est, à l'Andalousie, l'irrigation était indispensable – et une irrigation *de vastes travaux*.

Or, dans ce domaine, le capitalisme du XIXe siècle a mal réussi. A-t-il tenté de vivifier un désert ? La rentabilité s'est révélée bien lointaine. Ainsi le canal d'Urgell, construit vers 1860, a magnifiquement transformé toute une région, mais avec un tel retard que les bailleurs de fonds ont éprouvé des déconvenues. Inversement, dans le Sud-Est, peuplé, fertile, mais de climat plus irrégulier, les grands travaux (bassin de Lorca, plus tard Riegos de Levante) ont été rémunérateurs, *mais parce que l'eau se vend aux enchères.* Cette exploitation de la rareté, en cas de sécheresse, ruine le paysan.

De ces deux sortes d'échecs, des conclusions ont été tirées : en faveur d'une intervention de l'État, capable de ressusciter, mais à l'échelle nationale et par la technique moderne, la vieille « commune hydraulique », où l'eau gratuite était garantie, et sa distribution équitable, une fois amorti le prix des travaux. Cette « politique hydraulique » (socialisme en réalité) a eu un apôtre : Joaquin Costa, tribun aragonais, d'expression brouillonne, mais sans doute le meilleur de ces esprits « de 98 », révélés en réaction contre la défaite. Hélas ! les études manquaient ; l'État était pauvre ; les intérêts locaux et la corruption guettaient les concessions d'entreprises. Ainsi échoua le « plan Gasset » de 1902 (à chaque défilé fluvial, un ingénieur avait proposé un barrage !). N'importe ! La « politique hydraulique » était devenue inséparable de tout essai novateur. Sa réussite impliquerait une révolution véritable. Il est vrai qu'elle se heurte aussi au *fait social*.

B) *Problèmes agraires.* — L'ancien régime agraire espagnol n'a pas fait place, en effet, au XXe siècle, à des formules équilibrées. De vieilles habitudes pèsent : en Aragon, en Andalousie, en Extremadure, la psychologie du régime seigneurial a survécu à sa disparition juridique. En Galice, on perçoit encore au XXe siècle les « cens » et « foros », sur des « minifundia » si restreints qu'une famille ne peut y vivre.

La Catalogne même, socialement mieux assise, a ses conflits agraires : le vieux contrat viticole de « rabassa morta » y fixait des fermiers sur leurs tenures depuis des siècles ; mais il était lié à la survivance des ceps ; le phylloxera en a compromis l'efficacité ; une lutte pour la terre a opposé alors syndicats de propriétaires et syndicats de fermiers (« rabassaires ») avec crise en 1890, 1920, 1934 : une bonne partie de la politique catalane contemporaine en a dépendu.

Enfin, dans tout le Sud, s'est posé le problème du « latifundio » : c'est que l'effort du XIXe siècle en matière d'individualisme agraire n'a pas su obtenir de bons résultats : en apparence, le phénomène du « désamortissement » des propriétés a été un des grands phénomènes du siècle : les ventes de biens ecclésiastiques, rachats de cens et de rentes, etc., ont représenté entre 1821 et 1867, 2 milliards 700 millions de pesetas. Mais la discontinuité de la politique (lois de 1821, 1835, 1854, suspendues en 1823, 1845, 1856), la pauvreté des paysans, les habitudes espagnoles, ont fait que l'opération n'a constitué ni grands domaines bien exploités du type anglais ou prussien, ni paysannerie satisfaite du type français. Les spéculateurs du « désamortissement » ont juxtaposé d'autres « latifundia » aux « latifundia » nobles. La structure agraire n'a pas changé.

Ainsi, au début du XXe siècle, 10 000 familles possèdent 50 % du cadastre, 1 % des propriétaires, 42 % de la fortune foncière. L'étendue maxima des domaines n'est pas énorme (Cadix : 30 000 ha pour dix possédants) ; on s'entend à considérer comme « latifundio » une propriété de plus de 250 ha. C'est qu'il ne s'agit pas toujours de mauvais terrains. Sur les vignobles de Jérez, 3 % des propriétaires possèdent 67 % de la fortune estimée. Des communes riches (Carmona, Ecija, Utrera, Sevilla) ont de 45 à 81 % de leurs terres en grands domaines. Or, même là, ceux-ci sont exploités *extensivement*. Friches, chasses, élevages de toros de combat, chênes-lièges, olivettes, blé en culture sèche : cette hiérarchie ne se calque pas sur les possibilités andalouses. Les Medinaceli ont longtemps consacré à la chasse 15 000 ha sur 16 000 de bons terrains, les ducs d'Albe loué 25 pesetas la fánega des domaines reloués 60 par leurs fermiers généraux. Ainsi les capitaux ne s'accumulent ni ne s'investissent. Un hectare irrigué rapporterait vingt fois plus que 1 ha en culture sèche ; mais il coûterait sept fois plus, et une grosse mise de fonds : l'intensification ne se produit pas – à cause du latifundio.

Bien sûr, le problème est social, sous une autre face. La masse andalouse est faite de « braceros » – journaliers qui n'ont que leur bras. Ils ont gagné, de 1900 à 1930, une moyenne de 3 pesetas par jour, avec des chômages de cent à cent cinquante jours dans l'année. L'aspect de prolétariat est d'autant plus sensible chez ces paysans qu'ils vivent dans des bourgs de 10 à 15 000 âmes, où on vient les embaucher pour les travaux temporaires des « cortijos ». Or la natalité est forte ; l'Andalou émigre peu. Il y a donc surpopulation, misère, sous-alimentation. Race « passive » concluent certains. Mais cette passivité n'est pas continue : il y a des jacqueries, des coups de colère. Or ce phénomène intéresse le tiers de l'Espagne – et la partie qui fut jadis son plus beau jardin. Ces millions d'hommes qui produisent peu, *et consomment peu*, sont un dangereux poids mort pour l'économie nationale, en même temps qu'un élément de déséquilibre dans la société. Après avoir longtemps nié le problème, les dirigeants espagnols ont multiplié les enquêtes à son sujet. Mais justement, l'« Institut de Réformes sociales » fondé en 1902, n'a guère été qu'un organisme *d'étude*. Il n'a tenté de réformer *qu'à l'échelle expérimentale*. Aucun plan d'ensemble ne sera abordé avant 1931. Et, vers 1917, renaît dans le Sud une très vive agitation sociale agraire.

3. **Industrialisation et équipement.** — Du côté industriel, l'Espagne avait quelques avantages : ses mines, de la main-d'œuvre. Mais elle manquait de capitaux pour l'industrie lourde, de débouchés pour l'industrie de consommation. Ces deux faits auront eu des répercussions graves.

A) *L'exploitation minière, l'équipement général et l'industrie lourde,* ou sont demeurés en retard, ou sont tombés en mains étrangères.

Les mines ont triplé la valeur de leur production entre 1830 et 1856, puis entre 1860 et 1900. De 1864 à 1913, la production passe : pour le minerai de fer : de 280 000 à 9 860 000 t, pour celui de cuivre de 213 000 à 2 268 000, pour le charbon de 387 000 à 3 700 000. Mais les sociétés espagnoles, faibles, ont mal poussé leur exploitation. Le capital étranger les a dépassées (667 millions de pesetas contre 605 en 1920) ; il est concentré en grosses entreprises : belges (Royale Asturienne des Mines), françaises

(Peñarroya), anglaises (Orconera, Tharsis, Rio Tinto surtout, qui, ayant acheté en 1873 les mines de ce nom pour 93 millions de pesetas annonçait en 1921 un capital de 337 millions). Les étrangers, naturellement, développèrent surtout l'exportation de matière brute, rendue économique par la main-d'œuvre à très bon marché. Le pays n'a guère profité de cette ressource.

L'équipement (machines, transports, force motrice) posa les mêmes problèmes. L'Espagne, dans l'Europe capitaliste, tourna dans le cercle vicieux des pays pauvres et retardés : pour s'enrichir, il lui fallait s'équiper ; pour s'équiper, il eût fallu être riche. Un beau rapport des ingénieurs des Ponts et Chaussées l'avait constaté en 1840 à propos des premières concessions ferroviaires : on ne pouvait espérer que la richesse publique créerait les chemins de fer ; il fallait créer les chemins de fer pour fomenter la richesse publique. Belle prise de position en faveur de l'antériorité de l'équipement dans le circuit économique. Mais trop précoce ! Les concessions allèrent aux étrangers (surtout aux Pereire). L'État ne sut imposer qu'une absurdité géographique : le réseau en étoile autour de Madrid. Plus tard il se ruina pour de mauvais « chemins de fer secondaires ». L'Espagne souffre encore de ces erreurs de début.

La naissance de l'industrie lourde, et une deuxième phase d'équipement, devraient vérifier, entre 1910 et 1920, des lois analogues.

A la recherche d'une rentabilité rapide, l'auto concurrença le chemin de fer au lieu de l'alimenter ; les entreprises électriques construisirent hâtivement les grandes centrales des Pyrénées, se concurrencèrent, puis s'unirent en trust sous le patronage de « La Canadiense » (Barcelona Traction, Power and Light Cy). D'autres trusts vinrent : Pirelli, Siemens, L'IG Farben ; un partage d'influence eut lieu à propos des potasses de Suria.

Ainsi pèse sur l'Espagne un système productif mais non national. Et qui, obéissant à l'attraction des forces acquises, a renforcé le contraste entre la masse du pays, restée agricole, et quelques régions industrielles spécialisées.

B) *L'industrie légère* avait pu en effet, entre 1830 et 1890, reconstituer, avec des capitaux nationaux moyens, les développements ébauchés dès le XVIIIe siècle.

En Catalogne surtout, une industrie textile était née, peu concentrée organiquement, mais géographiquement solidaire, sur le réseau de voies que Barcelone commande. Deux millions de broches cotonnières; 50 000 métiers à tisser le coton; une industrie lainière concentrée dans deux villes (Sabadell, Tarrasa); une excellente bonneterie; des industries variées du cuir, du papier, du liège, de l'édition, de la mécanique légère. Barcelone passe de 88 000 habitants en 1818 à 190 000 en 1860, à 510 000 en 1897. Les industries sont moyennes, à capitaux familiaux, à besoins bancaires limités.

Mais ces capitaux étant nationaux, et cette industrie *de consommation* étant à peu près la seule d'Espagne, les Catalans entendent incarner « le travail national ». Comme ils ne pourraient concurrencer l'Angleterre, et que les colonies sont désormais restreintes, le protectionnisme devient chez eux une doctrine, presque une mystique. Un Güell Ferrer, un Bosch Labrús ont la vigueur doctrinale de List. Le « Fomento del Trabajo nacional » est leur organisme. Ils ont presse, meetings, place au Parlement. Ils dénoncent la politique madrilène, le poids de l'Espagne pauvre. Ils voudraient la direction de l'économie. Mais contre eux conservateurs agrariens et libéraux anglophiles dénoncent l'égoïsme industriel catalan. Ainsi se greffent sur l'industrialisation des faits importants de la politique : questions extérieures, régionalisme, mouvement social.

4. **Problèmes politiques issus de l'évolution économique espagnole.** — A) *Problème extérieur et colonial.* — Politiquement faible, l'Espagne serait volontiers

traitée en zone d'influence par l'étranger. Intervention de 1823, positions prises envers le carlisme, « mariages espagnols », intrigues autour d'Espartero et Narváez, autant d'épisodes d'une rivalité anglo-française autour de l'Espagne. Il faudrait reconstituer le rôle de l'Angleterre dans le détachement des colonies, dans la mainmise sur les mines, dans les efforts de Cobden contre le protectionnisme textile, dans les tendances de Mendizábal, d'Espartero, des libre-échangistes. L'Espagne a échappé au sort de satellite accepté par le Portugal ; mais ses richesses et sa position ne cessent d'y attirer l'intrigue étrangère.

D'autre part, il n'est plus question pour elle d'un redressement dans l'ordre colonial. L'Empire perdu, le premier essai de cet ordre est de 1859, au Maroc ; or il ne comporte pas d'installation véritable ; et quand la conférence d'Algeciras, pour des raisons d'équilibre, crée un Maroc espagnol, l'effort tenté pour l'occupation a de graves répercussions intérieures (1909). Enfin, en 1898, Cuba, Puerto Rico, Guam et les Philippines ont été perdus. Cette impuissance ne laissa pas l'Espagne insensible. Costa réclama une « politique africaniste » réelle (qui ne se bornât pas au jeu militaire) ; et la défaite de 1898 cristallisa l'opposition au régime, formulée par les intellectuels. Or elle avait aussi ses incidences économiques : elle enlevait à l'industrie ses derniers marchés extérieurs. Par là elle renforça le protectionnisme. Les Catalans accentuèrent, avec leur mépris pour Madrid, et pour le bas niveau de vie des régions agraires, leurs prétentions à diriger ; c'est le temps où Prat de la Riba exalte l'« impérialisme des producteurs » dans « La Nacionalitat catalana ». Terme inquiétant : en 1900 comme en 1640 et en 1700, les faiblesses politiques du centre espagnol aboutissent à une révolte des provinces les plus actives.

B) *Problème régionaliste.* — Il est curieux de constater en effet que le mouvement « des nationalités » a eu de fâcheuses répercussions sur un édifice aussi vieux et aussi glorieux que l'unité espagnole. Mais nous savons que la monarchie des Habsbourg n'a pas joué le rôle unificateur de la monarchie française, ni les Cortes de Cadix celui de notre Révolution. A droite le carlisme, à gauche le fédéralisme vérifièrent au XIXe siècle le fait centrifuge. Mais il y eut plus : à la fin du siècle, des régions acquirent l'esprit de groupe au point de s'affirmer en tant que « nations ».

Le *nationalisme basque* se développera surtout au XXe siècle. Mais il naît au XIXe siècle avec son apôtre Sabino Arana. Et il se manifeste d'abord à Bilbao, ce qui permet de le classer moins comme un héritage du vieux « fuérisme » que comme réaction d'une région économiquement avancée contre la direction politique du centre en retard.

Le *catalanisme*, plus tôt constitué, plus tôt menaçant, répond mieux encore à cette définition. Pourtant il avait commencé comme un « félibrige ». La langue catalane retrouva dignité littéraire entre 1833 et 1850, avec l'*Ode à la Patrie* d'Aribau, les poésies de Rubió i Ors, les *Jeux floraux*. Les travaux historiques des Bofarull, Milá Fontanals, Balaguer mirent à la mode le passé catalan. De grands poètes surgirent : Verdaguer, plus tard Maragall. Le tout est de savoir pourquoi ce courant intellectuel, dont la valeur ne dépasse pas littérairement l'œuvre mistralienne, a pu trouver à son service un *théâtre*, une *presse*, des *associations*, et finalement marquer tout un peuple, au lieu de demeurer œuvre de chapelle et d'almanach.

C'est sans doute que « la terre, la race et la langue » dessinent nettement une Catalogne. Cependant la pression de ces faits est discontinue : on les avait presque oubliés entre 1750 et 1830. D'ailleurs Cerdagne et

Roussillon ne leur ont pas redonné de sens politique. La reconquête même de la langue (œuvre, surtout, de Pompeu Fabra, entre 1910 et 1925) *suit*, plutôt qu'elle ne précède, l'enthousiasme politique pour l'autonomie. C'est dire que le vrai problème n'est pas dans ces « faits différentiels » (géographie, ethnie, langue, droit, psychologie ou histoire), mais *dans les raisons pour lesquelles un milieu donné, à un moment donné, en a repris conscience.* Ces raisons sont doubles : d'une part impuissance de l'État espagnol ; d'autre part dissemblance croissante entre la structure sociale de la région catalane et celle de la majorité du reste de la nation.

Impuissance de l'État espagnol ? Songeons qu'aucun succès n'est à son actif depuis Charles III, et qu'il ne fait pas d'effort efficace pour répandre le mythe de la communauté – en particulier *aucun effort scolaire de grande envergure.*

Dissemblance entre les structures ? En Catalogne existent une bourgeoisie active, et toutes sortes de couches moyennes aisées, cultivant le travail, l'épargne, l'effort individuels, intéressées au protectionnisme, à la liberté politique, à la diffusion du pouvoir d'achat. En Espagne dominent les vieux modes de vie : le paysan cultive pour vivre et non pas pour vendre ; le propriétaire ne cherche pas à accumuler, ni à investir ; l'« hidalgo », pour ne pas déchoir, cherche refuge dans l'armée ou l'Église, le bourgeois madrilène dans la politique ou dans l'administration ; les conservateurs y condamnent la liberté politique, et les libéraux le protectionnisme. Deux structures, deux psychologies : celles-ci vont s'aigrir l'une contre l'autre en polémisant.

Les polémiques naissent à chaque discussion fiscale ou douanière. Meetings, presse, discours parlementaires, rapports au gouvernement agitent la Catalogne, unissent l'orgueil régional des intellectuels aux arguments des économistes, au mécontentement populaire. Presque toujours, cette agitation obtient gain de cause, mais à chaque fois la solidarité régionale a été accrue. Or, dans les régions non industrielles, une attaque générale se déclenche alors contre le commis-voyageur catalan, « exploiteur », « organisateur de vie chère », avec tous les sarcasmes que la psychologie précapitaliste sait réserver à l'homme d'argent. Ainsi se forment deux images : le Castillan ne voit chez le Catalan qu'âpreté, soif de gain, manque de grandeur ; le Catalan ne voit chez le Castillan qu'orgueil et paresse.

Un double complexe d'infériorité – politique chez le Catalan, économique chez le Castillan – aboutit à des méfiances insurmontables, pour lesquelles la langue est un signe, le passé un arsenal d'arguments.

Ainsi s'explique l'évolution du catalanisme même : du régionalisme intellectuel, il passe à l'autonomisme (1892 : « Bases de Manresa »). Après 1898, il parle de « nationalité ». En 1906, une « Solidarité catalane » obtient, par-dessus les partis, un grand triomphe électoral. Vers la même date se place un autre tournant : comme le premier parti catalan, la « Lliga regionalista » unissait surtout des éléments modérés (savants aisés, « forces vives » industrielles, paysans et boutiquiers catholiques), Madrid crut pouvoir compter, pour le contre-battre, sur le démagogue Lerroux, idole des foules populaires barcelonaises. Mais Lerroux fut disqualifié, en 1909, par son rôle peu glorieux lors de la « semaine tragique ». Dès lors le catalanisme devint aussi le lieu des oppositions *de type démocratique et petit bourgeois* ; un catalanisme « de gauche » allait unir petits propriétaires, « rabassaires », employés, fonctionnaires, intellectuels modestes. Contre Madrid se dessinait un bloc régional.

C) *Le mouvement social et les organisations ouvrières.* — Au XIXe siècle, la proportion de la population industrielle en Espagne n'est jamais forte ; trois noyaux régionaux (Catalogne, Asturies, Biscaye), quatre ou cinq villes (Madrid, Séville, Valence, Málaga, Saragosse), des mines isolées (Peñarroya, Rio Tinto, la Unión) : faible base pour un mouvement ouvrier du type anglais ou allemand. *Et pourtant, dès le XIXe siècle, la classe ouvrière espagnole a joué un rôle sensible.* Au XXe siècle, on parlera d'Espagne « anarchiste », « syndicaliste », « marxiste » : généralisations abusives, mais significatives ; le prolétariat industriel espagnol a été plus important historiquement que son faible nombre ne le faisait attendre. Mais cela ne rappelle-t-il pas, justement, l'analyse de Lénine sur la Russie ? Dans un pays à dominante agricole, où monte la crise agraire, où s'effrite, dans les catastrophes politiques, un système aristocratique usé, où les classes moyennes ont peu de poids social, ne suffit-il pas de quelques noyaux prolétariens, surexploités par un capital souvent étranger, pour que le mouvement ouvrier prenne une valeur de direction décisive ? Pour cela, justement, Lénine voyait dans l'Espagne le pays désigné pour la seconde révolution. Et le parallèle Espagne-Russie, de 1917 à 1923, fut à la mode dans tous les camps, soit pour annoncer, soit pour dénoncer l'imminence d'une dislocation sociale. Au surplus, le mouvement révolutionnaire espagnol avait derrière lui *une tradition.*

En Catalogne, dès les années 1830-1860, s'étaient déjà affirmées les tendances à l'association (« société des tisserands », « tres clases de vapor », « union manufacturière »), aux sursauts de violence (bris de machines en 1835, en 1855 grève générale), aux remous sociaux lors des incidents politiques (1835, 1840, 1854). Cela a dû être plus continu que ne l'indiquent des études insuffisantes. Car la floraison des organisations ouvrières en 1868 ne s'expliquerait pas sans incubation.

En 1868 en effet vient en Espagne Fanelli, disciple de Bakounine. Il fonde des sections de « l'Association internationale des travailleurs » (et, plus secrètement, des groupes de « l'Alliance » bakouninienne). Or le succès est éclatant : en quelques mois, la « fédération », organe de l'Internationale, dépasse 100 000 adhérents, avec deux gros centres : Catalogne et Andalousie. L'Espagne devient alors, avec la France de la Commune, un grand champ d'expérience pour le mouvement révolutionnaire international. De Londres, Marx et Engels, de Suisse les Bakounistes, se livrent à une vive lutte autour de l'enjeu espagnol. James Guillaume en a laissé témoignage. Et aussi Engels, dans une célèbre brochure, critique du mouvement « cantonaliste » après son échec : texte fondamental du marxisme contre les anarchistes. Cependant, malgré une fructueuse mission de Lafargue, le bakounisme, finalement, l'emporta. Ou du moins la scission dura, quand, après la répression des années 1874-1876, se reformèrent les organisations ouvrières.

Le « Parti socialiste ouvrier » naquit alors à Madrid, et se doubla, en 1888, de « l'Union générale des Travailleurs », fédération syndicale. Il devait avoir ses succès dans les régions de *concentration organique* de l'industrie (mines asturiennes, métallurgie basque), et chez les ouvriers cultivés de Madrid, dont le type resta le fondateur du parti, le typographe Pablo Iglesias, théoricien sans originalité, mais noble figure, qui maintint longtemps le socialisme espagnol dans la tradition de Lafargue et Guesde. Plus tard, cette tradition fut peu à peu oubliée, sous l'influence de politiques purs (Indalecio Prieto), ou de juristes d'université (Besteiro, Jiménez Asúa, de los Ríos) ; on passa au parlementarisme et au réformisme. En fait, les tempéraments révolutionnaires espagnols regardaient ailleurs.

En 1881 en effet, 50 militants barcelonais avaient fondé aussi une « fédération » ouvrière, anarchiste d'inspiration. En deux ans (congrès de Séville et Valence), elle avait regroupé 50 000 adhérents, comme toujours 30 000 en Andalousie, et 13 000 en Catalogne. Divisions, répression lui avaient fait la vie difficile. Mais l'anarchisme, entre 1890 et 1910, avait vécu de grands jours : « action directe » par attentats, grèves de 1890 et 1902, procès de Montjuic, « semaine tragique ». En 1911 commence une phase plus organisée : la centrale anarcho-syndicaliste est fondée. Cette « Confédération nationale du travail » ou CNT dominera le mouvement ouvrier espagnol jusqu'à la guerre civile.

Plus que l'anarchisme des années 90 (qui est international) c'est cette *persistance contemporaine* du mouvement qui est importante. L'expliquer par le « tempérament » est une solution de facilité. Pourquoi l'Espagne de Cisneros et du Tribunal des Eaux, la Catalogne pondérée et coopératiste seraient-elles « spécifiquement » désignées pour les formes individualistes de subversion ? Mieux vaudrait (c'est moins simple) analyser l'anarchisme espagnol en rapport avec la *structure* et l'*histoire* des milieux où il a germé.

1) Les liens du mouvement ouvrier avec le problème agraire ; les journaux anarchistes s'appellent *Tierra, Tierra y Libertad* ; la jacquerie andalouse pèse sur la vision espagnole de la révolution ;

2) La dispersion organique des industries catalanes : patron et ouvrier y sont restés proches ; la lutte y a gardé un caractère individuel ;

3) La misère des grandes villes : autant qu'une misère « ouvrière », elle est une misère d'immigrés, de sans-travail, de

petits métiers, de quartiers sordides (« distrito quinto » barcelonais) ; le fait « usine » y perd de son importance ; mais il y a sensibilité vive des masses urbaines, grouillement aussi, avec facilité de provocations ;

4) Les rapports entre les ouvriers et la politique : celle du XIXe siècle les a toujours déçus ; cela explique leur « apoliticisme » ; mais en même temps, contre un autoritarisme policier constant, ils ont contracté la passion de la liberté, la haine de l'État ; le libéralisme garde pour eux un secret prestige ; de là ce mouvement pendulaire des élections espagnoles : après une période « de gauche », les anarchistes, déçus, disent « no votad » ; leur abstention permet un scrutin à droite ; après la domination des droites, l'ouvrier, révolté, renonce à l'abstentionnisme, mais il n'a pas de candidat à lui ; « la gauche » triomphe sans le représenter ;

5) La tradition révolutionnaire : M. Diaz del Moral a montré le rôle essentiel de la *tradition* dans les révoltes andalouses ; l'anarchisme barcelonais a aussi ses grands ancêtres, ses souvenirs, ses martyrs ; socialisme et communisme auront longtemps contre eux tout ce qu'un tel passé représente de résonances sentimentales ;

6) Enfin, la marque idéologique : lorsque Anselmo Lorenzo, patriarche de l'anarchisme espagnol, visite Marx à Londres en 1870, il réagit en autodidacte admiratif et intimidé ; plutôt qu'à la science « bourgeoise » de Marx, il préfère alors accorder confiance à l'instinct du mouvement ouvrier, aux doctrines sentimentales ou passionnelles. Or Lorenzo organise, avec le concours de Francisco Ferrer, une œuvre véritable d'éducation, d'autant plus influente que l'école officielle abandonne à l'analphabétisme un plus grand nombre de jeunes. L'« École moderne », les brochures à bon marché, les « Athénées populaires » marqueront des générations. Cette culture se croira plus large (plus « encyclopédique ») que la culture marxiste, mais elle laissera les militants plus désarmés devant les problèmes réels. L'anarchisme rencontre enfin de vieilles particularités espagnoles : fidélité aux personnes, exaltation de l'acte individuel et surtout ce besoin de libération, plus passionnel qu'intellectuel, devant la pression ancestrale de la religion. Sur ce point, il n'est qu'un cas particulier d'un autre problème, qui n'a pas cessé de troubler le siècle : le problème spirituel.

D) *Problèmes spirituels.* — Ils résultent, comme au XVIIIe siècle, d'un conflit double : contre la pesée de la tradition, le désir de rénovation ; contre le désir de rénovation, l'orgueil de l'originalité nationale.

La première partie du siècle apporte peu de chose dans ce conflit. Le romantisme est littéraire. Le libéralisme, plus qu'au XVIIIe siècle, est une copie. L'Espagne traditionnelle n'est qu'un vestige. Vers 1840 la vieille Espagne conserve plus de gestes que de pensées. Cela suffit à maintenir, dans des lieux écartés, de touchantes survivances médiévales, mais non à protéger, dans les régions de contact et les grandes villes, la sécurité de la foi. En ce milieu du siècle, un prêtre catalan, Balmes, et un libéral converti, Donoso Cortès, feront bien, en faveur d'une vivification de la tradition, un pressant appel. Mais leur position sera défensive, leur influence non immédiate. Dans sa masse, le clergé espagnol n'entendra pas la leçon. Il gardera ses prétentions à la totale direction du peuple, sans la justifier par une culture accrue. Il confondra maintien des pratiques et solidité religieuse. Aussi l'étranger peut-il encore aujourd'hui, s'étonner en Espagne de la force qu'y garde l'inconscient religieux, et de la méconnaissance, chez l'homme moyen, des éléments premiers du catholicisme. Dans l'adhésion ou l'opposition à la religion, la composante intellectuelle est faible : d'où les combats passionnés. C'est le signe d'une faillite dans l'éducation populaire : école et catéchisme à la fois. Cet échec ne prête guère à contestation. Au XXe siècle l'Église espagnole rêvera parfois d'être la tête d'une nouvelle Contre-Réforme : mais la Préréforme de Cisneros, éducatrice du clergé du XVIe siècle, n'a pas eu, au XIXe, de correspondance historique. Le mouvement spirituel espagnol contemporain, même dans ses aspects traditionaliste et mystique, s'est fait *hors de l'Église* ou *contre l'Église* : c'est un mouvement « d'intellectuels ».

Il naît, entre 1860 et 1880, sous trois formes. Tout d'abord une floraison de romans, inégaux, mais curieux par leur orientation. Un Pereda défend la vieille Espagne, non sans ironie. Un Valera, un Palacio Valdès, une Pardo Bazán la critiquent, non sans tendresse. Or, chez tous, par-dessus les divergences, règne un souci : délimiter le national, définir « l'espagnol ». On y découvre un peuple en crise morale, doutant de lui, mais d'abord attaché aux particularités de son âme.

Un autre mouvement intellectuel semble très différent à son origine. C'est cet étrange « krausisme », importé des Universités allemandes dès les années 40 par un jeune boursier du gouvernement, Julián Sanz del Río, et dont l'influence, entre 1855 et 1865, opère une petite « réforme ». Il s'agit moins d'idées que d'attitude de vie. Mais de là sont issus ce spiritualisme laïque, cette rigidité de principes, cette foi en l'éducation qui anime les hommes de la Ire République. L'extension de la chapelle sera plus tardive. Songeons pourtant que vers 1865-1875 se fixent aussi, par la querelle Marx-Bakounine, les deux courants de la pensée révolutionnaire espagnole : et nous conviendrons qu'il faut bien chercher dans cette décennie les sources où s'est nourrie l'Espagne de notre temps. On a pourtant l'habitude de les chercher davantage auprès de la « génération de 98 ». On le peut, à condition de définir cette génération au sens le plus large en y comprenant toute réaction contre le nouveau *complexe de décadence*, que la défaite de 1898 a rendu cuisant.

Après 1880, le « krausisme », avec Francisco Giner de los Rios, s'attache à l'éducation : une sorte de para-université, l' « Institución libre de Enseñanza », entreprend une rénovation de la pédagogie et de la recherche qui s'épanouira en 1912 dans l'officielle « Junta para ampliación de Estudios », avec établissements secondaires, « centres d'études » scientifiques, bourses à l'étranger. Les formules pratiques sont neuves : enquêtes, excursions, co-éducation des sexes, passion pour la nature et la culture populaire, préférences à la biologie et à la sociologie. Grâce à l' « Institución », l'Espagne non seulement égale, mais souvent dépasse, en matière d'éducation supérieure, les pays voisins. Une réserve : cette œuvre n'atteint ni la vieille Espagne, fidèle à l'éducation religieuse, ni le peuple, qui reste sacrifié ; vers 1900, plus de la moitié des Espagnols ne savent pas lire. Ainsi « l'intelligentsia » krausiste reste un fait limité, artificiel, extra-social. Cela ne sera pas étranger, lorsqu'un jour elle viendra au pouvoir, à son inexpérience, à son impuissance.

On peut relier à l'Institución ces historiens et sociologues des années 1890-1900, mal outillés encore, mais bons pionniers, dont l'effort rappelle celui du XVIIIe siècle, par son désir d'universel joint à la sympathie pour le vieux fonds national. Tel est Joaquín Costa qui cherche comme avec angoisse les particularités espagnoles en matière de droit coutumier, de folklore, d'économie rurale, d'hydraulique collective. Puis un Hinojosa et un Altamira qui, plus scientifiquement, jettent les fondements d'une histoire sociale et psychologique de leur pays. Après 1898, Costa se lance d'ailleurs dans la politique active, ligue les paysans aragonais contre le fisc, se dit républicain, puis révolutionnaire ; il propose toutes sortes de formules pour l'avenir ; il est « l'arbitriste » du XIXe siècle. On l'admire, mais sa gloire s'efface vite devant celle de plus brillants écrivains. La « génération de 1898 » prend dès lors une valeur surtout littéraire.

Comme Quevedo avait condamné « l'arbitrisme » au nom d'un désespoir orgueilleux, de même, vers 1898, des hommes se rejoignent dans le mépris du positif pour commenter lyriquement leurs déceptions nationales. Ils ne forment pas « école ». Ils sont dissemblables. Mais ils édifient leur œuvre autour des mêmes amertumes, des mêmes fiertés. Baroja piétine la tradition, mais refuse les leçons du dehors. Antonio Machado, jeune professeur à Soria, centre sa méditation poétique sur le paysage de Vieille Castille, mais dénonce le « sang de Caïn », le « ventre et la tête vides » de l'Espagnol. Ganivet meurt en désespéré loin de sa patrie, après en avoir tracé « l'Idearium », pour prouver qu'il n'est pas de commune mesure entre elle et l'Europe. Unamuno demande pour elle la première place dans cette réaction contre le scientisme et contre la foi au progrès qui se dessine un peu partout à la même époque. Il se complaît à renverser les formules attendues, à proposer *d'hispaniser l'Europe*, à prendre le Quichotte comme modèle. Il est le plus grand génie verbal de l'Espagne depuis des siècles. Mais ce verbalisme, et ses paradoxes, jettent pour l'avenir dans l'âme espagnole incertitudes et contradictions.

Première contradiction : à l'esprit scientifique hérité de Giner, où s'inspirent de belles écoles philologiques, historiques, biologiques, avec les Menéndez Pidal, les Sánchez Albornoz, les Marañón, se joint un dangereux prestige du brillant littéraire, du snobisme philosophique, à l'imitation d'un Ortega y Gasset et d'un Eugenio d'Ors.

Deuxième contradiction : les écrivains espagnols, à la suite de ceux de 98, se sont « engagés », au point de se croire destinés, lors de la crise de 1931, à diriger moralement la nouvelle Espagne. Or ils ne pouvaient entraîner ni l'Espagne traditionnelle, qui les maudissait, ni le prolétariat, qu'eux-mêmes ignoraient. Quand ils constateront dans la politique la violence des luttes matérielles, ils se retireront les uns avec fracas, les autres en silence, non sans mépris pour ceux qui resteront « engagés » : nouveau drame de l'Espagne de notre temps que cette scission et cette incertitude spirituelles.

Dernière contradiction : les hommes de 98 avaient voulu à la fois *critiquer* le complexe espagnol, et en *exalter le mythe*. Des disciples ne retiendront que le dénigrement : ils seront des découragés. D'autres que l'orgueil : ils donneront aux thèmes simplifiés de Ganivet, d'Unamuno, le rôle du racisme chez les nazis, de l'Impero chez les fascistes. Un Maeztu pouvait l'avoir souhaité. Un Azorín l'acceptera implicitement. Mais Unamuno mourant aura son heure d'angoisse.

Et pourtant, comme toujours en Espagne, la synthèse se réalisera *entre souffle traditionnel et non conformisme*. Mais il faudra pour cela quelques génies : Federico García Lorca, Miguel Hernández ou Pablo Picasso, et un grand élan populaire : celui de 1936.

Chapitre V

LES CRISES CONTEMPORAINES

I. — La crise de la monarchie (1917-1931)

1. **Première phase (1917-1923). Les troubles.** — A) *La crise de 1917.* — L'euphorie économique due à la guerre s'atténua en 1917. Cherté de vie, annonce de la révolution russe, enrichissements scandaleux, heurt entre « aliadophiles » et « germanophiles » achevèrent d'exciter et de classer les esprits.

L'agitation fut cristallisée en mai par un *mouvement militaire*. Les officiers d'infanterie constituèrent des « juntes » contre le favoritisme. Condamnées, puis admises, elles se donnèrent en exemple « à tous ceux qui sentent le besoin d'être bien gouvernés ». Sous-officiers et postiers formèrent leurs « juntes ». Alors un *mouvement politique* se déclencha. Régionalistes, réformistes, radicaux et socialistes réclamaient la convocation des Cortes, où le gouvernement n'avait pas une majorité assurée. Une réunion illégale de quatre-vingts députés opposants siégea à Barcelone, et demanda une Constituante. Elle fut dissoute. « Simple question de garde civile », dit le gouvernement. Formule trop employée ! Elle mesurait mal la gravité de la crise. A la fin de juillet, un *mouvement social* relaya l'agitation politique. Grèves à Valence, Santiago, Bilbao. Des « juntes » se formèrent jusque chez les gardes de sûreté. Le 13 août la grève devient générale. Le 15 à Cuatro Caminos (Madrid) les mitrailleuses tirent et tuent. En Catalogne et dans le Nord minier ont lieu de véritables batailles. Mais le gouvernement l'emporte. Les chefs socialistes (Saborit, Anguiano, Besteiro, Caballero) sont arrêtés. D'autres politiques peuvent fuir (Lerroux, Maciá). Maura, le général Primo de Rivera manifestent contre la faiblesse gouvernementale. Le régime durera encore cinq ans. Mais dans une confusion croissante.

B) *Le temps des troubles (1917-1923).* — La *confusion politique* ressort de la valse des ministères : en six ans, treize crises totales, trente partielles. Un « grand ministère » Maura-Romanones-Cambó échoue. Maura s'oriente vers l'intransigeance anticatalane. Cambó revient à l'opposition par un fameux discours : « Monarchie ? République ? Catalogne ! » Ainsi la question régionale redevient aiguë.

La *confusion sociale* s'aggrave. La vie chère agite les petits fonctionnaires. En 1919 surgit la crise de l'industrie. Pourtant, l'Espagne agraire s'exalte d'abord : 1918-1921 s'appelle en Andalousie « trienio bolchevique » ; les paysans écrivent sur les murs des cortijos : « Viva Lenin » ; c'est qu'ils aspirent passionnément au partage agraire ; mais cela ne suppose aucune éducation *communiste* de dirigeants. Quand le Parti socialiste se scinde en 1921, seul le Pays basque industriel semble tenté par le communisme. Le grand foyer d'attraction révolutionnaire est encore le syndicalisme « apolitique » et anarchisant.

Le Congrès de la CNT à Sabadell (1919) représente 300 000 adhérents. La grève de la « Canadiense » (électricité catalane) est l'apogée du mouvement syndical. Des chefs se sont révélés : Salvador Seguí (« le gas du Sucre »), Angel Pestaña. Le gouvernement discute avec eux, admet « les huit heures ». Mais un patronat combatif lance le lock-out. Alors le terrorisme entre en jeu. Il sévit, dans les six premiers mois de 1921, en Catalogne, à Saragosse, à Bilbao. En juin, la répression va s'incarner, à Barcelone, dans le général Martínez Anido et le policier Arleguí. Ils opposent « pistolero » à « pistolero », « syndicat libre » à « syndicat unique » ; ils mobilisent la police civique du « somaten » ; ils appliquent la « ley de fugas » qui consiste à provoquer une évasion pour liquider un prisonnier. Salvador Seguí est tué, puis son avocat. L'opinion s'indigne. Martínez Anido est relevé en octobre 1922. Mais, devant une recrudescence des attentats, les « forces vives » catalanes (dirigeants du commerce et de l'industrie) manifestent leur adhésion au capitaine général de la région, Primo de Rivera : c'est le signe d'un regroupement des « partis de l'ordre ».

Le problème marocain exigeait à la même date une solution. Les Espagnols considéraient volontiers le Maroc comme lieu des ambitions personnelles des militaires, et des intérêts financiers des politiciens. Ils ne lui consentaient les sacrifices qu'avec mauvaise humeur.

Or, le 20 juillet 1921, le général Silvestre, cerné dans Anual, avait été tué avec son état-major. Le Rif s'était soulevé devant le désordre de la retraite. Il y avait eu 14 000 tués ou prisonniers. De 1921 à 1923, pour une reconquête pénible, le général Berenguer demanda sans cesse renforts et crédits. Les ministres, le roi (accusé d'avoir secrètement influé sur le commandement militaire), les « juntes » se renvoyaient les responsabilités. Les politiques les plus divers protestaient : Maura, Cambó, le socialiste Prieto, le général Primo de Rivera lui-même, qui fit au Sénat une manifestation inattendue en faveur de l'abandon du Maroc. Déplacé de Castille en Catalogne, il s'y prépara, à la faveur des troubles sociaux, le rôle que nous avons vu.

Le 13 septembre 1923, assuré du concours des classes dirigeantes, et des garnisons, il se proclama chef d'un « directoire », que le roi accepta. Personne ne se lança à la défense d'un parlementarisme déconsidéré. Cela encouragea plus tard (à tort) à croire à la passivité constante du peuple espagnol devant les initiatives de « pronunciamiento ».

2. **Deuxième phase (1923-1930). La dictature.** — L'histoire politique de la dictature est vite contée. Le « Directoire militaire » devient « civil » fin 1925, désigne en 1927 une Assemblée consultative, projette en 1929 une Constitution : cela ne change ni son essence ni ses méthodes. Mais y eut-il, devant les grands problèmes nationaux à résoudre, une œuvre accomplie ?

Seule la *question marocaine* a été tranchée. L'alliance française a été maintenue. Après 1925, le Rif ne bougera plus. En revanche l'armée du Maroc (légion ou « tercio », indigènes dits « regulares ») deviendra aux mains de ses généraux un instrument autonome et fort.

Des *projets économiques* importants ont été annoncés par deux hommes : le comte de Guadalhorce et Calvo Sotelo. On leur reprocha une dette accrue : dès 1926, 18 milliards de dette flottante, en 1928, 1 milliard de déficit budgétaire. Mais l'État finançait désormais de grandes entreprises publiques.

L'une au moins était de haute portée : celle des « Confédérations syndicales hydrographiques ». Le rêve de Costa semblait prendre corps. Dans chaque bassin fluvial l'État obligeait agriculteurs et industriels à se syndiquer, pour financer, avec son aide, un plan de régularisation des eaux, d'irrigation et d'électrification. Or, dans ce cadre, une confédération fit du beau travail : celle de l'Èbre, parce qu'un grand ingénieur, Lorenzo Pardo, y trouva l'occasion de matérialiser de très vieux espoirs : barrage aux sources de l'Èbre, bassins sous-pyrénéens, extension du canal Aragon-Catalogne, réseau sérieux d'études hydrologiques. Malheureusement l'œuvre eut ses défauts : budgets dressés à coups de zéros, manœuvres de fournisseurs. Et elle fut isolée : aucune autre confédération ne lui fut comparable. Les industriels étaient réservés, les agriculteurs sans grandes ressources. L'État avait la charge lourde. Les plans restèrent sur le papier. Comme c'était un papier de luxe, les Confédérations sombrèrent dans le discrédit de toute la dictature, que le « Circuit automobile routier » et les expositions de 1929, coûteuses manifestations de prestige, firent taxer de mégalomanie.

Les intentions plus théoriques (nationalisme économique, économie dirigée) avaient donné moins de résultats encore ; le pourcentage de capitaux et techniciens nationaux imposé aux entreprises ne fut pas observé ; le monopole des téléphones fut cédé aux Américains ; les avantages offerts aux ports andalous, et à la déconcentration géographique des industries n'amorcèrent aucun changement de la structure espagnole, et mécontentèrent Catalans et Basques. Enfin les postes économiques offerts aux agents politiques, aux militaires, les subventions aux compagnies ferroviaires et maritimes déficientes firent imaginer d'autant plus de scandales qu'il était devenu interdit de les dénoncer. On retrouva l'atmosphère que la dictature avait prétendu combattre. Le régime avait pu profiter pourtant d'une exceptionnelle prospérité mondiale et s'en attribuer les mérites. Mais cela lui fit aussi quelques torts : les hommes d'affaires, le vent en poupe, ne virent de l'interventionnisme d'État que les aspects désavantageux. Le régime était cher. Ils l'abandonnèrent.

Le *programme social* avait annoncé, sur le mode italien, la « suppression de la lutte de classes » ; on établit les jurys mixtes obligatoires ; on fit des avances aux réformistes Caballero et Prieto ; on réglementa le travail de nuit des femmes. Mais les ouvriers retinrent que les salaires ne suivaient pas la courbe d'une prospérité patronale spectaculaire, et que la grève était interdite. Fait plus grave : le problème agraire fut négligé. On casa 4 000 colons sur 20 000 ha, avec 2 millions de crédits, disent les chiffres les plus favorables ; dix fois moins, disent d'autres. De toute façon, ce ne sont pas chiffres à la mesure de la réforme à tenter. On apercevra en 1930 combien le conflit social était demeuré aigu.

Le *problème régional* fut traité non par de grands moyens, mais par des tracasseries. La « Mancommunauté » de 1912 et son œuvre furent détruites en Catalogne. L'alliance des classes dirigeantes catalane et basque fut vite perdue. Mais le patriotisme régional étant devenu suspect, ce fut désormais l'opposition démocratique qui nourrit les « nationalismes ». L'unité morale espagnole n'en fut que plus menacée.

L'*échec politique* finit par être évident. L'imitation du fascisme avait été superficielle : pas de parti de masse, pas de mystique dans la jeunesse. L'« Union patriotique », les milices civiques avaient simplement relayé l'ancien cacicat. Le général feignit longtemps l'optimisme, alternant la bonhomie et les appels brusques aux symboles de la virilité.

Il avait exilé Unamuno, relégué à Cuenca les dirigeants des étudiants, indisposé le corps de l'artillerie. Maciá avait tenté en 1926 à Prats de Molló une aventure romantique, mais exaltante. En 1929, un pronunciamiento fut ébauché à Ciudad Real. Sánchez Guerra, champion de la légalité constitutionnelle, débarqua à Valence pour renverser le régime, échoua, mais fut acquitté. La peseta baissait. Ni les financiers, ni l'étranger ne misaient plus sur la dictature. Les chefs militaires, consultés, s'étant montrés froids, Primo de Rivera se retira le 30 janvier 1930, et mourut peu après à Paris. On sait qu'un de ses fils, José-Antonio, devait un jour tirer de cet échec des leçons pour la constitution d'un nouveau fascisme.

3. **Troisième phase. La chute de la monarchie (1930-1931).** — Une semi-dictature, assumée par le général Berenguer, ne pouvait être qu'une étape. Les vieux partis revivaient : ceux de García Prieto, Romanones, Sánchez Guerra, Melquiades Alvarez, Cambó. Les antimonarchistes signèrent entre eux le « Pacte de Saint-Sébastien » pour l'établissement de la République. Avaient signé : des modérés (Miguel Maura, Alcalá Zamora), des radicaux (Lerroux, Martínez Barrio), des chefs de partis plus jeunes (Azaña, Quiroga, A. de Albornoz, M. Domingo), des catalanistes républicains (Nicolau d'Olwer), des socialistes (Caballero, Prieto, de los Ríos). Ce Comité était politique : un délicat problème était celui de ses relations avec la masse syndicale, dont on voulait l'alliance, mais dont on craignait l'armement. Novembre 1930 fut un mois de grande agitation sociale.

Mais les faits politiques frappaient davantage : rentrées d'Unamuno et de Macía, cache-cache de l'aviateur Franco avec la police, manifestations d'étudiants. Enfin l'événement attendu se produisit le 12 décembre : la garnison de Jaca, renforcée de quelques jeunes enthousiastes, proclama la République, marcha sur Huesca. Mésentente profonde ou malentendu ? Elle avait devancé l'horaire du Comité. A Ayerbe, elle se heurta à des troupes qui résistèrent. Les deux chefs, les capitaines Galán et García Hernández, furent fusillés : *la République avait ses martyrs*. Le 15 décembre, les aviateurs tentèrent en vain de relancer le mouvement. Le Comité républicain fut incarcéré.

Et pourtant ce n'était que partie remise. « La royauté doit céder à la réalité » dit Sánchez Guerra. Les partis se refusent à des élections dans une semi-dictature. Berenguer s'efface devant un dernier cabinet de concentration monarchiste : la Cierva-García Prieto-Romanones-Ventosa, qui organise un scrutin municipal anodin dans les apparences : la moitié des villages élisent des caciques sans concurrent. Mais le 12 avril les élections urbaines dépassent toutes les attentes : la gauche la plus avancée triomphe partout. Le 14, Eibar, Barcelone, Saint-Sébastien proclament la République. A Madrid, Romanones négocie avec Alcalá Zamora. Le chef de la Garde civile, Sanjurjo, ne garantit plus le régime. Le roi doit se résigner au départ. La journée prend un visage d'apothéose. Vieux républicains, intellectuels, devant cette révolution sans une goutte de sang, croient l'Espagne au plus haut degré de la maturité politique. Les ouvriers, que le mot de liberté enivre traditionnellement, se livrent à un grand espoir. Un jour, José-Antonio Primo de Rivera lui-même reconnaîtra au 14 avril une valeur unique dans l'histoire d'Espagne. L'idée « qu'il y a quelque chose à changer » semble acceptée par tout Espagnol. Mais quoi ? La République allait avoir à répondre.

II. — La République (1931-1936)

La Dictature avait gouverné, et non transformé. La République voulut transformer, et gouverna difficilement. Du moins aborda-t-elle, dès ses deux premières années, tous les grands problèmes. Les Cortes constituantes, élues en mai 1931, présentaient une majorité républicaine et socialiste très cohérente : l'orientation réformatrice semblait assurée.

1. **1931-1933. Le « bienio » réformateur.** — A la plupart des constituants, intellectuels, juristes, vieux politiques, les problèmes de la Constitution, de l'École, de l'Église, de l'Armée importaient d'abord : ils avaient dominé l'histoire du XIXe siècle.

A) *Les problèmes politiques. — La Constitution* prit modèle sur celle de Weimar, la plus démocratique en Europe. L'Espagne fut proclamée « République de travailleurs », ce qui fit sourire. Le parlementarisme pur triompha : Chambre unique, ministère à tout instant responsable, suffrage universel étendu aux femmes et aux soldats. Pourtant, l'idée de « pouvoir modérateur » joua un grand rôle. Le président de la République pouvait dissoudre deux fois la Chambre, quitte à justifier ensuite sa décision : le premier président, Alcalá Zamora, allait donner une importance de premier plan à ce rôle de balancier politique. Un Tribunal de Garanties jugeait de toute irrégularité constitutionnelle. Les régions pouvaient demander un « statut » d'autonomie, mais le mot « fédéralisme » n'apparaissait pas. Enfin l'Espagne renonçait à la guerre, et adhérait organiquement à la SDN.

L'œuvre scolaire et intellectuelle préoccupait aussi les fondateurs de la République : professeurs, étudiants, intellectuels de « l'Ateneo » et du groupe « Au service de la République ». « L'Institución libre » devint le modèle de l'Université et des « Instituts » secondaires. Mais l'école primaire fut plus difficile à édifier. Pour en faire une école laïque à la manière française, il eût fallu 27 000 écoles nouvelles ; les crédits ne permirent qu'une tranche de 7 ou 8 000. On manquait de maîtres. Enfin, disputer aux Congrégations religieuses leurs 600 000 élèves posait, auprès de difficiles problèmes pratiques, la plus délicate des questions psychologiques : celle de la religion.

La *question religieuse* était grave. Passer d'une Église d'ancien régime au système laïque du type français était un grand saut. Les catholiques libéraux, représentés au pouvoir, eussent accepté une « séparation » laissant l'Église libre, sans lui ôter rien de sa force acquise. Mais les républicains voyaient dans cette force un danger. Ils appliquèrent aux Jésuites, aux associations, à l'enseignement religieux des lois spéciales rappelant la législation française. Ce n'était pas hors de la tradition. Mais le choc fut vif. Azaña déclara que « l'Espagne avait cessé d'être catholique ». Une extrême-gauche anarchisante – les « jabalíes » (sangliers) – affichait cet anticléricalisme populaire très espagnol pour lequel le jeu politique tourne toujours pour ou contre les « curas y frailes ». Le 11 mai 1931, une tradition séculaire avait été renouée : les incendies de couvents, œuvre de petits groupes, mais que la foule couvrit de son indifférence ironique. Cimetières laïcisés, crucifix ôtés des écoles : victoires pour les uns, atteintes « insupportables » à « la liberté » pour les autres. Des prélats protestèrent, furent poursuivis. L'épiscopat conseilla l'opposition légale, mais l'opposition. Le choc était grave, pour un système neuf, et surchargé d'autres tâches.

La question de la force armée se posait aussi. Bien des militaires restaient de cœur monarchistes. Pour atténuer cette caractéristique de caste, Azaña offrit aux officiers qui le demanderaient une retraite payée. Dix mille acceptèrent. Ils gardèrent, malgré leur solde entière, une rancune de demi-solde conspirateurs. Autre cas épineux : la Garde civile. On la redoutait pour sa force. Et le peuple la détestait. On n'osa pas affronter le risque de la dissoudre. Azaña préféra la doubler d'une « garde d'assaut » choisie.

Le *problème régional* enfin fut résolu, non sans inquiétude. Maciá, le 14 avril, avait proclamé « la République catalane » ; or cela excédait le pacte de Saint-Sébastien. Une transaction ressuscita le vieux terme de « généralité » catalane. Mais la Catalogne vota son « statut » à la quasi-unanimité. La discussion aux Cortes fut assez pénible. Azaña entraîna la décision par un solide discours. Le « statut » donnait à la région gouvernement, parlement, administration, justice, budget, culture. Les Catalans étaient largement préparés à l'expérience. Mais les délicats problèmes de l'ordre public (la région disposerait-elle de sa police ?) et du transfert des services firent traîner la controverse. Les Basques élaboraient leur « statut » dans l'enthousiasme. Combien de régions en feraient autant ? Par ironie, les Castillans parlaient de présenter un statut de Castille. L'unitarisme devenait une excellente plateforme d'opposition.

B) *Les problèmes sociaux.* — Malgré tout, le *fond social* des espoirs et des craintes apparut vite. Les classes humbles croyaient à un changement de vie. Et dès avril 1931, les capitaux s'exportèrent.

La réforme agraire était la seule réforme de structure formellement promise. Mais l'accord sur les principes n'était pas fait. « La terre à qui la travaille », disaient anarchistes et communistes. Les socialistes : « La terre à l'État, l'exploitation aux syndicats paysans. » Les libéraux : « Propriété individuelle. » Les catholiques : propriété familiale, et indemnités substantielles aux expropriés. Il fallut discuter longtemps, sous des garanties provisoires : interdiction d'expulser les fermiers, de déplacer la main-d'œuvre, attribution aux chômeurs de la liste civile du roi.

L'étude en commission dura jusqu'en *mai 1932*, le débat jusqu'au 15 septembre. Puis vint le dénombrement. La loi s'appliquait aux seules régions du « latifundio » classique : Andalousie, Extremadure, Manche, Salamanque, Tolède. Il y avait expropriation au-dessus d'un « maximum agro-social », pouvant aller de 10 ha en bon terrain irrigué jusqu'à 700 en terrain pastoral et pauvre. Les indemnités, calculées par capitalisation de 5 à 20 %

suivant les fortunes, étaient payées part en numéraire, part en bons de 5 % amortissables en cinquante ans. Toutefois le paysan bénéficiaire (journalier, petit fermier ou tout petit propriétaire) n'avait qu'un *usufruit inaliénable* et payait une faible rente à l'État. Des avantages encourageaient l'exploitation collective. Un Institut de Réforme agraire, des comités provinciaux et des communautés locales appliqueraient la réforme. Fin 1933, ils auront installé 8 600 familles, exproprié 89 000 ha, autorisé « l'occupation temporaire » d'à peu près autant. C'était très peu. Et dû en grande partie à un incident politique : l'expropriation sans indemnité appliquée aux « grands d'Espagne » après une tentative de coup d'État militaire en août 1932. La réforme normale eût été encore plus lente.

Il est vrai que les salaires avaient augmenté (de 3 à 5 pesetas la journée moyenne), les fermages baissé. Mais la chute corrélative du prix des terres, l'attente de la réforme, l'agitation paysanne avaient fait abandonner un certain nombre d'exploitations ; le chômage s'accrut. Les socialistes voulurent canaliser l'impatience des paysans ; en deux ans leur « Fédération des travailleurs de la terre » réunit 392 000 adhérents. On les suspecta de chercher l'appui du pouvoir. L'Andalousie resta anarchiste. Et l'agitation reprit ses formes du XIXe siècle : occupations, coupes de bois, chasses illégales, parfois incendies. Le conflit quotidien avec la Garde civile acquit une dureté dont s'alarma l'opinion : à Castilblanco, massacre de gardes, à Arnedo fusillade sur la population. Cela culmina le 12 janvier 1933 à Casas Viejas, en Andalousie. La répression d'un putsch anarchiste fit vingt et une victimes, dont douze prisonniers exécutés sur ordre. Cette fois ce fut le fait de la Garde d'assaut : Azaña en fut rendu responsable. Par là « Casas Viejas » devint un incident *politiquement* décisif. En fait, il signifiait plus encore : la réforme agraire, trop calculée, n'avait pas conquis l'esprit paysan. Elle n'avait été ni la nuit du 4 août, ni le décret de Lénine. En 1933 la masse agraire, détournée de la République, rejoignait dans l'opposition le mouvement ouvrier.

Le mouvement ouvrier avait d'abord souri à la République. Les socialistes avaient trois des leurs au pouvoir. Les chefs syndicalistes de Barcelone (Pestaña, Peiró) avaient fait voter pour Maciá. Une législation sociale inspirée par les directives de Genève fut rapidement votée, et on pratiqua une politique de hauts salaires. *Mais l'on était en 1931-1933, en pleine crise mondiale*. Pour que la production ne fût pas atteinte, il eût fallu envisager une *entière direction* de l'économie et de la monnaie. Or l'on maintenait aux Finances de classiques représentants du capitalisme moyen, de traditions libérales, comme le Catalan Carner. Cette contradiction n'était pas durable. Et, quand l'UGT socialiste voulut borner les revendications, la CNT anarcho-syndicaliste la traita vite de « jaune ».

Dès juin 1931, Indalecio Prieto avait cru devoir briser une grève. Et aussitôt l'évolution de la CNT avait été nette : en mai un de ses congrès avait encore approuvé la direction barcelonaise des modérés Pestaña et Peiró ; mais ils avaient été critiqués en juin ; en août ils furent mis en minorité ; après un manifeste sensationnel (le manifeste « des trente ») ils durent laisser la direction du syndicalisme à la Fédération anarchiste ibérique (FAI) qui rédigea désormais le journal syndical *Solidaridad obrera*. L'anarchiste Durrutí espérait de nouveau faire de Barcelone ouvrière « la capitale spirituelle du monde ».

Enfin le gouvernement prit des responsabilités sanglantes ; à Séville en juillet 1931 tombèrent les premières victimes ouvrières ; en septembre à Barcelone le gouverneur Anguera de Sojo se fit la réputation d'un nouveau Martínez Anido ; et la « loi de défense de la République », élaborée par lui et par Azaña, suspendit les garanties libérales de la Constitution. En janvier 1932, dans la montagne catalane, à propos des salaires textiles (il s'agissait d'en faire passer l'échelle de 12-30 à 25-40 pesetas *par semaine*) une révolte éclata : des villages proclamèrent le « communisme libertaire » ; l'armée rétablit l'ordre ; les dirigeants furent déportés à Villa Cisneros. Toute l'année la propagande ouvrière s'acharna contre la « Loi de Défense » et en faveur des déportés. La FAI avait toujours espoir dans le « putsch ». En janvier 1933 elle tenta de lier une nouvelle grève générale à l'agitation agraire. Ce fut l'occasion du drame de Casas Viejas. Il y eut alors un déchaînement psychologique contre Azaña. Les socialistes n'osèrent maintenir avec lui aucune alliance. Isolés, aux élections de novembre 1933, ils allaient perdre la moitié de leurs députés. Et l'abstention anarchiste, cette fois populaire, allait assurer aux droites un succès inattendu quant aux proportions.

La République réformiste et jacobine mourut ainsi, pour s'être crue capable de réformer l'Espagne sans donner d'immédiates satisfactions aux masses agraires, et en luttant ouvertement contre le plus fort secteur ouvrier.

C) *La conjonction des oppositions ; l'échec d'Azaña.* — L'opposition montait contre Azaña et sa majorité parlementaire (elle-même en crise).

Une *opposition du centre* unit les libéraux doctrinaires aux tenants d'une République conservatrice (deux psychologies qui, sans l'avouer toujours, coïncidaient la plupart du temps). Les intellectuels pleuraient sur une réalité trop éloignée de leurs rêves. Les déceptions d'Ortega et d'Unamuno remplissaient la presse. Un homme se donnait comme seul capable de gouverner au centre : Lerroux, « républicain historique », antisocialiste, démagogue depuis longtemps repenti qu'adoptait toute une partie prudente de l'opinion. Mais déjà le traditionalisme sentimental et l'agitation militaire faisaient prévoir des formes d'opposition plus brutales.

L'*opposition de droite* avait déjà prouvé une certaine inadaptation aux règles parlementaires, quand la minorité, battue sur les lois religieuses, avait quitté les Cortes. Dès 1931, des généraux conspirèrent. Le 10 août 1932, Sanjurjo, ex-chef de la Garde civile, relevé après l'incident d'Arnedo, souleva la garnison de Séville. Trop tôt. Le mouvement échoua à Madrid, ce qui raffermit un temps Azaña. La droite revint à l'opposition légale. Elle était divisée : « agraires »,

« action populaire », « rénovation espagnole », monarchistes, traditionalistes, etc. ; les mots d'ordre étaient négatifs : contre la constitution, contre le laïcisme. Mais le lien restait le vieux complexe de « l'Espagne noire » : en haut intérêts agraires, en bas tradition et religion. Le clergé mobilisait l'opinion rurale, la masse électorale féminine. Enfin une partielle cohésion fut assurée dans la « Confédération des Droites autonomes » – CEDA – avec un jeune chef qui semblait brillant : Gil Robles.

Cependant, *des formes nouvelles d'opposition* se faisaient leur place, dont les noms s'élargiront souvent indûment, mais qui, en 1931-1933, naissaient ou s'organisaient à peine.

Le *communisme*, en 1931, s'était encore peu manifesté entre socialisme et anarcho-syndicalisme.

Le Parti communiste espagnol, adhérent à la IIIe Internationale, comptait alors à peine 3 000 membres ; ses chances étaient surtout aux Asturies et au Pays basque. Il intervint pourtant en juillet 1931 dans les combats de rue de Séville. A Madrid il groupait des jeunes, enthousiastes, mais peu nombreux. Au surplus, c'était pour lui une époque d'affirmation doctrinale (« classe contre classe ») et d'épurations. Il dénonça le premier « la République bourgeoise » mais son journal *Mundo obrero*, irrégulier, de petit format, souvent interdit, ne pouvait concurrencer la presse anarchiste et socialiste. Il n'y eut pas de communiste aux premières Cortes. Enfin, en Catalogne, principal foyer ouvrier, la « Fédération communiste catalano-baléare », élargie en « bloc ouvrier-paysan », était une dissidence en querelle violente avec l'Internationale. Manœuvrant entre anarchisme et catalanisme, elle avait de bons propagandistes (Nin, Maurin, Arquet, Miravitlles), une presse active, mais ne réunit pas, en 1931, plus de 10 000 voix.

Le communisme (« Moscou » moins encore) ne joue donc pas de rôle directeur dans la République, sauf dans l'imagination et la propagande adverses. Mais, dénonçant le réformisme et l'apoliticisme à la fois, il attirera bientôt ceux que la période déçoit : jeunes anarchistes avides de doctrine, jeunes socialistes avides d'action : c'est plus tard, en 1936, qu'il développera cette chance.

« Fascisme » est le terme péjoratif donné par la gauche à toute l'agitation de droite. Gil Robles prête le flanc à l'accusation : il visite l'Allemagne, organise des rassemblements symboliques, se fait saluer aux cris de « Jefe, jefe ». Pourtant, des groupes plus exaltés le dénoncent bientôt comme un tempérament juriste et parlementaire en réalité.

Un de ces groupes a son acte de naissance un mois avant le 14 avril, avec le premier numéro de *La Conquista del Estado* de Ledesma et Giménez Caballero. L'inspiration hitlérienne est indéniable, le racisme étant remplacé par la mystique du passé impérial espagnol. A Valladolid, dans *Libertad* d'O. Redondo, l'unitarisme castillan est l'idée-force centrale. Les deux tendances se joignent dans les « Juntes d'Offensive nationale syndicaliste » (JONS), « syndicalisme » étant apparu comme un terme « spécifiquement » espagnol. Le symbole (joug et flèches des Rois Catholiques) est proposé par un étudiant de Grenade, Aparicio. Le 10 octobre 1931 paraît le programme des JONS : antilibéralisme, antimarxisme, antisémitisme, État fondé sur les « entités protégées », idéal de la tradition hispanique, aspirations sur Gibraltar et Tanger.

La *Falange* de José-Antonio Primo de Rivera vint un peu plus tard. Elle naquit de petits groupes monarchistes, convaincus par la critique de la dictature de 1923 faite par le fils même du dictateur. Celui-ci expose sa doctrine le 19 octobre 1933, au théâtre de la Comédie, à Madrid. « Ni droite ni gauche », ni capitalisme, ni socialisme ; révolution dans la « manière de vivre », appel au héros. L'Espagne a refusé le capitalisme, la Réforme, le libéralisme ; elle peut diriger la « révolution du XXe siècle ». L'appel final est lyrique, le jeune chef a du prestige ; son recours à la violence est dans la tradition. Les républicains s'inquiètent peu cependant, le groupe étant encore réduit, et boudé par la droite traditionnelle. Gil Robles semble un ennemi plus sérieux.

La *conjonction des oppositions* contre Azaña trouve un prétexte avec Casas Viejas. En avril 1933, des élections partielles lui furent défavorables ; puis également en septembre les élections au Tribunal des Garanties.

Alcalá Zamora l'obligea alors à la retraite. Un ministère Lerroux ne réussit pas. En octobre 1933, Martínez Barrio fut enfin chargé d'un cabinet de liquidation ; les Cortes constituantes étaient dissoutes. Azaña, croyant encore le pays avec lui, avait fait voter une *loi électorale favorable aux majorités compactes*. Combinée à *l'abstention anarchiste*, cette loi accentua l'expression du renversement d'opinion. Avec 200 sièges aux droites, et 150 au centre groupé autour de Lerroux, une violente réaction s'annonçait contre le premier « bienio ».

2. **1934-1936. Le « bienio » de réaction ou « bienio negro ».** — A) *De janvier 1934 à octobre*, trois problèmes s'aggravent, conduisant à un conflit violent : problème politique, problème social, question catalane.

Le *problème politique* est ardu. La droite, pour ne pas se diviser, ne s'est pas ralliée à la République : l'opinion, dit la presse républicaine, n'admettrait pas qu'on livrât le régime à ses ennemis. Lerroux gouvernera donc sans la droite, mais sous sa pression. « Nous prendrons le pouvoir quand nous le voudrons », déclare Gil Robles dans un grand rassemblement à l'Escorial. Le radical Martínez Barrio critique alors Lerroux, le quitte en avril, et, en été, scinde le parti. Le président de la République même, inquiet de « l'acte » de l'Escorial, et fidèle à son rôle « modérateur » refuse de remettre en place les militaires soulevés en août 1932. Lerroux cède le pouvoir à Samper, un radical de deuxième plan, dans une atmosphère inquiète.

L'*agitation sociale* a commencé dès les élections. En décembre 1933 un putsch « communiste libertaire » a secoué l'Aragon et l'Extremadure. La CNT, dissoute en principe, inspire pourtant des grèves ; Saragosse, en avril-mai, est paralysée par une grève totale que soutiennent généreusement les autres villes ouvrières.

C'est que la situation s'aggrave. Il y a 600 000 chômeurs. L'UGT opte pour Caballero contre Besteiro, c'est-à-dire pour la tactique révolutionnaire. Les événements de février 1934 en Autriche et France, puis le « tournant » communiste font ressentir leur influence. Un mot d'ordre *d'unité* court : celui des « Alliances ouvrières ». Prieto reconnaît que l'élan unitaire « vient de la masse ».

Mais, sur 600 000 chômeurs, 400 000 sont des paysans. La « Fédération » agraire s'agite. En février, on a remanié contre elle les « jurys mixtes ». On a ordonné l'abandon des terres occupées temporairement. En mai, on revient sur l'expropriation des « grands d'Espagne », sur les lois des baux et salaires. Les paysans tentent la « grève de la moisson ». Le gouvernement oppose la force, dit qu'« il ne se passe rien » mais il y a des morts. La grève échoue, et laisse une grande amertume.

La *question régionale* rebondit au même moment sur un autre conflit agraire. Maciá est mort (fin 1933). Mais les élections municipales ont confirmé en Catalogne une majorité de gauche. Par contraste avec Madrid, « la Généralité » est devenue « bastion de la République ». Elle appuie les revendications sociales des clients du parti dominant (l'Esquerra catalana) : employés (CADCI), fermiers (« rabassaires »). En avril 1934, une « loi des contrats de culture » rend obligatoire, dans certains cas, la cession des terres aux fermiers désireux de les acquérir. Les propriétaires font dénoncer par la « Lliga » régionaliste la loi comme inconstitutionnelle au Tribunal des Garanties, qui l'annule. Le Parlement catalan la vote à nouveau. De leur côté les Basques s'agitent, convoquant des élections municipales extra-légales.

A la fin des vacances parlementaires, le cabinet Samper, accusé de faiblesse devant tant d'incidents, est renversé. Lerroux, formant le cabinet, y prend trois membres de la CEDA. C'était l'épreuve attendue.

Azaña appelle « à tous les moyens de défense de la République » ; Martínez Barrio, Sánchez Román, refusent au cabinet « toute collaboration ». Le modéré Miguel Maura lui-même dénonce « la République défigurée ». En restera-t-on aux condamnations verbales ? Madrid, l'Andalousie semblent avoir leur combativité quelque peu usée ; les manifestations n'y prennent aucune ampleur. Mais sur deux points du pays éclatent deux révolutions véritables, d'ailleurs très distinctes.

B) *Octobre 1934. Révolution en Catalogne et aux Asturies.*

En Catalogne, le mouvement vint d'en haut, et échoua vite. Companys, successeur de Maciá à la Généralité, patronna, le 5 octobre, une grève générale déclenchée par l'UGT, le CADCI, les communistes dissidents, et les jeunesses nationalistes catalanes, armées par le ministre de l'Intérieur de la Généralité. Mais ce dernier, Dencàs, voulut écarter la FAI. Celle-ci, dès lors, maintint la CNT dans une neutralité ironique. La masse ouvrière barcelonaise, ainsi dissociée, ne fut pas armée. Lorsque, le 6 octobre, Companys, sans grande conviction, proclama « l'État catalan dans la République fédérale », il suffit au général Batet, commandant la garnison, de 500 hommes et de quelques coups de canon pour obtenir la reddition des insurgés retranchés sommairement dans leurs centres (tactique traditionnelle). Aux champs, il y avait eu incidents sanglants, non-insurrection massive. A Madrid, cette défaite catalane raffermit Lerroux. La « Falange » l'acclama. Gil Robles se rallia à la République !

Aux Asturies, le mouvement, parti d'en bas, fut au contraire caractérisé par *l'unité révolutionnaire* et *l'armement ouvrier*. Anarchistes de Gijón, mineurs socialistes, communistes dont montait l'influence, oubliant leurs querelles dans « l'Alliance ouvrière », se lancèrent, le 5 octobre, à l'insurrection.

Le centre en fut au mines de Mieres. Les casernes de la force publique tombèrent, puis les fabriques d'armes de Trubia et la

Vega. Oviedo fut pris par 8 000 mineurs ; la troupe résista ; l'aviation bombarda ; neuf jours, la ville et la région vécurent sous une stricte organisation révolutionnaire, militaire et économique. Mais bientôt elles furent isolées. L'armée et la Garde civile venaient par les cols, les régiments marocains du général López Ochoa débarquaient. Les révolutionnaires durent se disperser dans les villages et les montagnes. Des chefs, des militants, des femmes, couvrirent la retraite avec un héroïsme désespéré. L'épisode avait duré quinze jours.

Un an, la presse officieuse allait reprendre quotidiennement le thème des « atrocités » révolutionnaires. Tandis que sous le manteau couraient d'effrayants récits de la répression. L'Espagne avait eu sa « Commune » : épouvantail pour les uns, pour les autres symbole exaltant de l'héroïsme et des malheurs ouvriers.

C) *D'octobre 1934 à février 1936*. — Pourquoi, en février 1936, le pendule électoral revint-il vers l'extrême-gauche ? Quelques grands faits, au cours de l'année 1935, permettent de l'expliquer.

1° *La « déflation »*, en plein marasme économique.

2° *La réaction sociale*. L'état d'exception, après octobre, permit une violente réaction sociale : ouvriers congédiés, salaires diminués. Aux champs, surtout en Catalogne, les expulsions de fermiers prirent un caractère de représailles. La réforme agraire fut arrêtée. Jiménez Fernández, ministre chrétien-social, ayant voulu du moins préparer l'accession à la propriété des « yunteros » (journaliers possesseurs d'attelage) d'Extrémadure, un député lui répondit que, si les Encycliques le dépossédaient, il se ferait schismatique ! Ce qui frappa davantage, ce fut le vote d'une considérable indemnité – quelque 230 millions – aux grands d'Espagne expropriés en 1932. Les gauches déclarèrent la mesure illégale. Les paysans, oubliant leurs déceptions du premier « bienio », se rallièrent en masse au « Front populaire ».

3° *La politique du président de la République.* Paradoxe sous une Constitution ultra-parlementariste, il y eut sept cabinets en un an et demi, bien que l'opposition fût en situation quasi illégale ! Ce fut le fait du président Alcalá Zamora, qui n'aimait pas Lerroux et craignait les excès des droites. En décembre 1935, il forma un cabinet centriste selon son goût (Portela Valladares), pour dissoudre le Parlement et présider à des élections nouvelles. La campagne électorale ramena la liberté de la presse, par laquelle d'autres éléments psychologiques entrèrent en jeu ou furent amplifiés.

4° *L'effets psychologique de la répression d'octobre.* La droite avait voulu la sévérité, Lerroux quelques têtes : Alcalá Zamora avait sauvé les chefs, mais laissé exécuter des sous-ordres. Avec la liberté de la presse, le drame vécu par les humbles apparut. L'effet des campagnes contre les insurgés fut retourné, Octobre sanctifié. L'épouvantail, ce fut désormais le Garde civil, le Maure.

5° *Les scandales autour de Lerroux.* L'entourage de Lerroux avait mauvaise réputation ; deux scandales la confirmèrent : corruption dans une autorisation de jeux, indemnité excessive à une affaire coloniale. Plus grave était qu'on eût confié certains gros services (dont la « Généralité » catalane) à des personnages depuis longtemps déconsidérés. Le nom du « straperlo » (la roulette truquée) resta à la période.

6° *L'équivoque autour de Gil Robles.* Gil Robles s'était aliéné les monarchistes par son ralliement, les fascistes par son parlementarisme. Or il restait suspect aux républicains. Pourquoi avait-il exigé le ministère de la Guerre ? Qu'y tramait-il avec Franco, son chef d'état-major général ? Pourquoi les jeunesses de son parti recevaient-elles, çà et là, des fonctions de police armée ? Pourquoi la campagne électorale se faisait-elle sur son seul nom, aux cris de « Jefe, jefe », avec des portraits hauts de quatre étages ? Le bloc « antifasciste » se justifiait bien.

On devine, par ce faisceau d'éléments, comment Azaña put retrouver une popularité, et comment réussit le « Front populaire », constitué, entre juin et août 1935, par les négociations des syndicats et partis de gauche sur un programme en quatorze points. Le 16 février 1936, pour la troisième fois en six ans, les élections furent une surprise brutale.

3. **Février-juillet 1936. Des élections au « pronunciamiento ».** — En effet on accordait peu de chances aux gauches, dont les militants étaient en prison, les municipalités suspendues, la campagne brève. Les pouvoirs soutenaient le centre. La droite avait opéré une mobilisation spectaculaire « contre la révolution », annoncé l'espoir de trois cents députés, refusé de modifier la loi électorale favorable aux majorités locales. Dès lors un premier tour assurant ces majorités au Front populaire (même s'il ne totalisait que 50 % des voix) signifiait un renversement écrasant, que confirmèrent les élections partielles. Les tandems symboliques étaient battus (Gil Robles-Calvo Sotelo à Madrid, Lerroux-Cambó en Catalogne). Le désarroi fut tel que le pouvoir fut cédé à Azaña en vingt-quatre heures. Des gouverneurs de province se retirèrent sans attendre un successeur. L'échec des mots « contre la révolution » donna un sens révolutionnaire à des élections, à des Cortes, à un programme apparemment plus modérés qu'en 1931.

Des *troubles dispersés* répondirent à cette surprise. Au village on pensa « les curés ont perdu » : il faut désarmer leurs amis, venger les brimades ; d'où les nombreux assauts contre églises, couvents, centres d'Action populaire. Et l'agitation agraire reprit aussi : les fermiers chassés rentrent sur les terres, la réforme est réentreprise spontanément ; en trois mois, deux provinces (Tolède, Badajoz) partagent 250 000 ha de terres, plus que toute l'Espagne n'avait fait depuis 1900. Des villages de 3 000 âmes entrent tout entiers en conflit avec la Garde civile.

Dans les villes, l'agitation a d'autres objets : *liberté des prisonniers* (ils sont 30 000 ; les leaders sortent vite, mais les femmes des faubourgs trouvent le mouvement lent) ; *« réparations »* pour les représailles subies.

La *position du gouvernement* subit alors de dures attaques. Gil Robles, Calvo Sotelo font de la situation des tableaux très noirs (qui s'amplifient curieusement par la campagne électorale française). L'extrême-gauche oppose un argument passionnel mais sensible : « Silence aux bourreaux d'octobre. » En fait le pouvoir pense surtout : pas de nouveau Casas Viejas ; le moindre ordre brutal aux forces armées tournerait à la tragédie. Azaña ne veut plus se laisser couper du peuple. Mais il suit, il ne dirige pas. L'appui prêté à la rue reste négatif, et n'est interprété que comme de l'impuissance. Les formations fascistes adoptent la méthode des « pistoleros » : le vice-président socialiste des Cortes est attaqué, le magistrat qui condamne ses agresseurs est assassiné. En fait, dans le Parlement comme dans la rue, *les habitudes du XIXe siècle* l'emportent encore. On se passionne autour du cas du président de la République, qui a finalement mécontenté tout le monde ; en le remplaçant par Azaña, la gauche perd son seul président du Conseil possible. Madrid fait preuve d'une sensibilité primitive, digne de 1835 : une histoire de bonbons empoisonnés provoque une ruée contre les couvents. Bien entendu les généraux conspirent : ils n'ont pas cessé depuis 1931. Mais quand les communistes demandent l'arrestation des plus suspects (Goded et Franco), le gouvernement préfère les mettre en disgrâce l'un aux Canaries, l'autre aux Baléares : classique précédent de tout pronunciamiento ! Le président du Conseil Casares Quiroga s'est pourtant proclamé « belligérant contre le fascisme » ; il n'est guère douteux qu'il a vent d'un complot. Mais il feint de ne voir là que « bruits de café ». Là-dessus, le 12 juillet, le chef de l'opposition, Calvo Sotelo, est assassiné par des officiers de police. Vengeance, disent-ils, pour la mort d'un de leurs camarades républicains. Mais la responsabilité du gouvernement est engagée. Et il n'ose même pas interdire, aux obsèques des deux victimes, les manifestations contradictoires. Le 18 juillet éclate le soulèvement militaire.

III. — La guerre civile (1936-1939)

1. **Du « pronunciamiento » à la guerre civile.** « Pronunciamiento » ? Non ! « Soulèvement national », dit le régime franquiste au sujet de ses origines. Pourtant, le 18 juillet 1936, quel type parfait de « pronunciamiento » !

Depuis des mois, des officiers conspirent. Ils ont pour chef le responsable exilé du dernier complot, Sanjurjo, lié à un politique, Calvo Sotelo. Ils ont des contacts dans les garnisons, dans les partis, au-dehors (Allemagne, Italie, Angleterre même). Ils doivent se lancer en mai, puis fin juillet, puis décident de profiter de l'effet moral produit par la mort de Calvo Sotelo. Le 17 l'armée du Maroc, instrument sûr, donne le signal, le 18 les généraux en disgrâce, Goded aux Baléares, Franco aux Canaries, prennent leurs mesures locales, puis rejoignent les points sensibles, l'un Barcelone, l'autre le Maroc. Ce jour-là, toutes les garnisons « se prononcent », sortent dans la rue, proclament « l'état de guerre ». Si l'on prévoit peu de résistance, l'autorité civile « cède à la force » ; si l'on en prévoit beaucoup, les militaires sont plus divisés ; certains ne s'engagent que sous la menace ; le sort tourne au gré des hasards. A Séville, Queipo del Llano gagne la garnison par une tragi-comédie, et écrase les faubourgs. A Málaga, c'est l'énergie du gouverneur civil qui l'emporte. En Aragon, la police assure la victoire du « mouvement » ; à Barcelone la Garde civile reste gouvernementale. Dans les cas désespérés, la tradition défensive prévaut : on feint la fidélité pour gagner du temps et des armes, puis on soutient un siège avec acharnement : ainsi à Madrid la caserne de la Montaña, l'Alcazar à Tolède, le colonel Aranda à Oviedo.

Tout cela, c'est encore du XIXe siècle. C'est dans la mesure où le pronunciamiento, *techniquement* réussi, échoue *politiquement* dans les parties vitales de la nation, qu'il va signifier révolution et guerre civile.

En effet le coup d'État *réussit*, en ce sens qu'il prive la République d'à peu près tous les cadres des forces armées ; au XIXe siècle jamais gouvernement n'a résisté dans ce cas. Mais le coup d'État *échoue*, en ce sens que l'armée ne reconstitue les pouvoirs que sur une partie restreinte du territoire ; ailleurs *la population la désarme*, et le gouvernement ne s'avoue pas vaincu, *malgré la destruction de l'instrument militaire*. C'est ici que jouent les grands changements. Pas plus que le parlementarisme de 1932 n'avait pu gouverner *sans* la masse, le pronunciamiento n'a été capable de s'imposer *contre* elle.

L'armée, pour la première fois, c'est aussi *les soldats* ; à Madrid, Valence, Barcelone, ils passent, dès qu'ils le peuvent, à la foule. Et, sur les quatre cinquièmes des unités de marine, matelots et sous-officiers exécutent et remplacent leurs chefs insurgés. *Le peuple*, d'autre part, ce n'est plus une foule vague : partis, syndicats, « jeunesses » font des cadres aux combattants populaires dès que le pouvoir accepte de s'appuyer sur eux. Désormais la force des chefs militaires a un contrepoids. Au surplus, des *blocs régionaux* se classent contre le pronunciamiento : effet des « nationalismes » basque et catalan. Enfin le gouvernement rencontre l'appui (au moins rural) de *couches sociales moyennes* plus nombreuses qu'au XIXe siècle, parce qu'il a pour lui la légalité, et contre lui « l'Espagne noire » des prêtres et des généraux, vieux cauchemar du libéralisme.

Cette « Espagne noire » n'est donc plus la masse ; elle n'a pas disparu pourtant. Le général Mola mobilise le vieux carlisme. Les couvents prêtent asile aux insurgés, prêchent « la croisade ». Les partis de droite sont prêts à réoccuper leurs positions du « biennio noir ». Leurs jeunesses, déçues par Gil Robles, passent aux groupes fascistes. Cette fois, ce n'est plus une lutte superficielle entre petites minorités. On entre bien dans une guerre civile.

2. **Les opérations militaires.** — Dès les 20-21 juillet apparaissait déjà une division militaire et géographique, d'ailleurs favorable au gouvernement. A part le Maroc et les Iles, les insurgés n'avaient que les montagnes d'Aragon, Navarre, Galice, et le plateau de Vieille-Castille, avec pointe au sud jusqu'à Cáceres ; enfin la côte andalouse d'Algéciras à Huelva. Quels tronçons du territoire ainsi partagé se rejoindraient les premiers ? Tel fut l'objet, d'abord, des opérations militaires.

A) *Bataille pour les liaisons.* — La zone insurgée Navarre-Castille pouvait mener une guerre du type carliste, mais la décision dépendait des troupes marocaines de choc. Or la marine, ayant résisté au mouvement, barrait le détroit. Ici, Franco (devenu chef de la zone Sud par la mort accidentelle de Sanjurjo) trouva des appuis extérieurs : il put acheter des avions de transport ; à Tanger on marchanda le ravitaillement à la flotte gouvernementale ; des bombardiers italiens dispersèrent celle-ci au moment voulu. Quelques transports par air, un débarquement à Algéciras résolurent pour Franco le gros du problème. Le 14 août, la colonne marocaine de Yagüe était à Badajoz, où le combat s'acheva en massacre : la jonction Sud-Nord était assurée. Pendant ce temps Mola, au nord, avait attaqué Irún, dont la prise, le 15 septembre, isola la zone basco-asturienne. Faute d'un instrument de choc, les républicains avaient perdu leur première chance, qui eût été de maintenir l'adversaire dissocié.

B) *Batailles pour Madrid.* — Avoir Madrid pouvait signifier la victoire. Yagüe en commença l'investissement, dès qu'il eut délivré l'Alcazar de Tolède (27 septembre). Fin octobre, Madrid était cerné de trois côtés ; le 6 novembre le gouvernement l'abandonne ; le 7 les Maures sont aux ponts du Manzanares ; le 9 c'est l'assaut général. Surprise : cet assaut échoue. De partout ont afflué les renforts. Les « brigades internationales » ont apporté à la défense l'expérience des combattants de 14. Le front est stabilisé. Deux autres essais échoueront : en février, attaque sur le Jarama (combinée avec une offensive italienne, heureuse, sur Málaga), puis une tentative motorisée vers Guadalajara que brise une contre-attaque. Madrid, désormais, ne sera plus attaqué.

C) *Réduction des fronts encerclés.* — L'offensive contre la zone basque-asturienne commença le 31 mars 1937 ; elle fut marquée par des expériences nouvelles : bombardements massifs sur Durango et Guernica, inefficacité de la ceinture fortifiée de Bilbao, qui tomba le 19 juin. Les républicains réagirent par les diversions : sur Brunete (près de Madrid, 5-24 juillet), sur Belchite (Aragon, 3 septembre) ; en août les Italiens prennent Santander. Les Asturies tombent en octobre. Le gouvernement n'a plus que le tiers du territoire, mais avec la moitié de la population. Les difficultés économiques vont augmenter, pour lui, quoique la guerre reste encore possible.

D) *Batailles d'Aragon.* — La fin de 1937 est marquée par un gros effort républicain : la prise de Teruel retarde jusqu'en mars 1938 une grande offensive franquiste pour isoler la Catalogne et couper Madrid de la mer. En avril, le premier de ces objectifs sera pourtant atteint : la Catalogne est séparée de Valence aux bouches de l'Èbre. En mai et juin, la marche sur Valence dépasse Castellón. Elle est arrêtée brusquement, lorsque, le 24 juillet, l'armée gouvernementale prend l'offensive sur l'Èbre. Tout l'été se passe dans une bataille de grignotage et d'artillerie qui pour la première fois rappelle 1914. Elle use l'armée républicaine de Catalogne (80 000 pertes, dit-on). En novembre, mètre par mètre, celle-ci a été rejetée au-delà du fleuve. L'offensive suprême sera pour Noël.

E) *Chute de la Catalogne et fin de la guerre.* — L'attaque, soutenue par air, crée deux poches, exploitées grâce à des colonnes motorisées, par débordements rapides : une guerre nouvelle. Surprise et peu outillée, l'armée républicaine doit reculer ou être encerclée. Le 26 janvier, Barcelone est prise. En février, la campagne s'achève. 400 000 réfugiés passent en France. Le gouvernement Negrín revient à Valence. Seuls les communistes l'appuient pour continuer le combat. Contre eux, à Madrid, une Junte se forme pour négocier une reddition. Mais vaincre l'opposition communiste coûte plusieurs jours de combat. Franco peut faire occuper Madrid le 28 mars. Et c'est la fin de la guerre.

3. **Les conditions de la guerre.** — Ce passage d'une guerre d'émeutes, de colonnes et de « guerrillas » à la

guerre la plus moderne dépendit de conditions à la fois militaires et sociales, espagnoles et internationales.

Chez les insurgés, les troupes de choc n'ayant pas suffi, il fallut *mobiliser* et faire des officiers de tous les jeunes gens des classes aisées. Cependant, sans matériel, sans marine, sans industrie, la modernisation de l'armée, qui fit la victoire, n'eût pas été possible sans l'aide étrangère.

Les républicains disposaient de masses d'hommes ardents, de la marine, des régions industrielles. Dans une guerre espagnole de type ancien ils étaient assurés d'une supériorité. Mais à condition de gagner du temps pour réorganiser une armée. Les officiers, même restés loyaux, étaient suspects, la jeunesse instruite peu sûre. Il fallut tout tirer de l'enthousiasme des militants. Et d'abord vaincre chez ceux-ci le mythe anarchiste de « l'indiscipline » (« miliciens oui, soldats non ») qui empêcha longtemps la mobilisation et l'unité de commandement. Les armées du début sont une curieuse floraison révolutionnaire. Dès qu'il y eut vrai front, il fallut autre chose. Les communistes firent le plus gros travail d'organisation : régiments modèles, écoles d'officiers, appui donné aux étonnants généraux populaires que l'Espagne suscita une fois de plus, comme un Lister. Les résultats se firent sentir un peu tard, sous Negrín, en 1938, quand les bonnes troupes étaient usées, l'arrière mal nourri, la Catalogne isolée incapable de fournir un matériel moderne contre celui qui, venu du dehors, changeait l'aspect de la guerre.

L'intervention étrangère avait dominé la transformation. L'Italie mussolinienne était intervenue théâtralement. Ses avions assurèrent le détroit à Franco, Majorque fut contrôlé. Les « flèches noires » furent présentes à Málaga, Guadalajara, dans le Nord, à Tortosa, et dans la dernière campagne. 70 000 « volontaires » étaient payés moitié par Franco, moitié par Mussolini. L'aide hitlérienne, plus discrète, fut plus égoïste ; elle resta technique, et en mains allemandes ; par stages de six mois, sur convocation secrète, les techniciens des liaisons, de la radio, de la DCA, de l'aviation, vinrent s'exercer. En 1940, les aviateurs allemands compteront leurs victoires d'Espagne dans leurs états de service. Techniquement, la campagne de Catalogne fut la nécessaire expérience motorisée avant les entreprises de Pologne et de France.

Dans l'autre camp, seul l'appui russe fut avoué : envoi de techniciens (peu nombreux) et d'un matériel rustique, mais abondant et solide, envoi gêné pourtant par les intermédiaires et les distances. Au début les républicains avaient compté davantage sur l'Angleterre et la France. Mais en Angleterre le système Chamberlain et l'influence de gros intérêts, en France une vraie guerre civile morale, aboutirent d'une part à l'inefficace construction juridique de « non-intervention », d'autre part à une lutte entre propagandes, organes politiques, commerces camouflés, tendances contradictoires de fonctionnaires. Les républicains purent recruter des volontaires, acquérir (non sans à-coups) du matériel, mais non pas compenser la massive intervention italo-allemande.

A ce jeu, l'Espagne de 1936, comme celle de 1808, devint le lieu des passions et des déceptions du monde. Par là même, son histoire est difficile à écrire. Nous tenterons seulement ici de situer chacune des deux Espagne en face des grands problèmes que ce livre s'est efforcé de poser, en distinguant autant que possible entre vocabulaire et psychologies, législation et réalités pratiques.

4. L'évolution interne des deux Espagne (1936-1939). — A) *Évolution politique*. — Reconstituer les pouvoirs, concilier tendances novatrices et vieilles formules, tel fut (mais dominé par les nécessités de guerre, l'état des ressources, les attitudes étrangères) le problème politique dans chaque camp.

Dans la zone républicaine eut lieu, le 18 juillet, l'éclatement des pouvoirs classique en Espagne.

En Aragon, en Haute-Catalogne, l'expérience du « cantonalisme » de 1873 se renouvela. Le gouvernement catalan, devant la force ouvrière armée, entérina une révolution syndicaliste (non pas marxiste) livrée en fait aux initiatives locales. A Madrid, puis Valence, où la masse populaire était communiste ou socialiste, Giral voulut sauver la légalité, puis Caballero opérer une coalition révolutionnaire. Après des tâtonnements, la volonté de fonder une autorité s'incarna dans un homme nouveau, l'universitaire socialiste Negrín, appuyé sur les organisations communistes, qui gagnaient du terrain par leur discipline, leur action de guerre, et le prestige de l'aide russe. Les étapes de cette évolution furent, en mai 1937, la bataille de rues contre un mouvement gauchiste barcelonais, en septembre l'installation de Negrín à Barcelone, puis le procès du POUM (communistes dissidents). La discipline triompha quand les ressources s'épuisaient.

Après la chute de la Catalogne, Negrín fut renversé à Madrid par une coalition de modérés, d'anarchistes et de chefs militaires.

Les antifascistes avaient certainement souffert de leur désunion.

Le *movimiento* avait été plus facile à mener politiquement. Non qu'il couvrît moins de diversité. Mais les masses conservatrices acceptèrent l'autorité du clergé, de l'armée ; les querelles d'en haut lui furent voilées. Le général Franco, promu au premier rang par la disparition de Sanjurjo, Calvo Sotelo, José-Antonio, puis Mola, eut la chance de se trouver à un carrefour de tendances, et l'habileté de s'y maintenir. Livrant la propagande, et bien des responsabilités locales aux jeunes fascistes, il rassura l'Église, les traditionalistes, les possédants, et prépara surtout la domination de l'armée. Il mit longtemps à préciser le régime.

Une classique « Junte de défense » céda la place, en octobre 1936, à Franco « généralissime » et à sa « Junte technique ». Les négociations pour aboutir au « parti unique » durèrent jusqu'en avril 1937. Le parti eut un titre complexe : « Phalange espagnole traditionaliste et des Juntes d'offensive nationale-syndicaliste » (FET y de las JONS). En août 1937, Franco en fut proclamé « caudillo » en même temps que chef de l'État. En janvier 1938, la Junte devint ministère. Mais les lois organiques du régime seront d'après-guerre. Les crises (éliminations de carlistes et phalangistes intransigeants) sont restées secrètes longtemps. On les connaît aujourd'hui.

La force de Franco fut, qu'à l'intérieur comme à l'extérieur, la coalition contre-révolutionnaire resta solide : malgré quelques scrupules doctrinaux, l'Église s'accommoda de l'action fasciste ; et le capitalisme étranger soutint Franco financièrement. Sous ces cautions morales et économiques, le régime voila la brutalité de ses méthodes internes, et prépara un double jeu international.

B) *Répressions et « terreurs »*. — Il serait absurde de sous-estimer des violences dont le souvenir, chez l'Espagnol moyen, domine encore toute réaction. Terribles chez les « rouges » parce que désordonnées, terribles chez les blancs parce que sur ordre et en ordre, ces violences ont pourtant donné lieu à des jugements qu'il est souvent utile de réviser.

Certains *aspects* des événements, il ne faut pas l'oublier, sont *proprement espagnols*. Des prêtres ont béni les pires fusillades. Des foules ont poursuivi les religieux jusque dans leurs tombes. C'est le heurt d'une religion et d'une antireligion qui puisent aux mêmes sources leurs notions de la mort et du sacrilège, conservées depuis le XVe siècle sous la cloche étanche de la Contre-Réforme, et en lutte contre un instinct de libération. Caprices de Goya, agonies d'Unamuno, films de Bunuel : l'Espagne mène toujours contre son passé une guerre intime, anxieuse, aux crises violentes.

Certains *chiffres*, de leur côté, exigent une critique. On a parlé d'un million de morts, de 20 000 religieux tués, de « terreur » massive. Le mirage est certain : sur les exécutions franquistes à Saragosse, 3 Aragonais m'ont proposé les chiffres suivants : 5 fusillés, 14 000 victimes, au moins 30 000 ! Or des calculs démographiques font penser que la perte de population espagnole due à la guerre serait de 560 000 personnes, y compris les victimes des combats et bombardements. Il est vrai que la critique des chiffres ne doit pas faire entendre que l'impression psychologique fut moins intense : et c'est elle qui vaut comme facteur d'avenir.

L'*effet psychologique* de la « terreur rouge », incontrôlée, spectaculaire, atteignant des hommes connus, ne sera pas négligeable : quotidiennement, le régime l'exploite, par la presse, les commémorations, les habitudes de vocabulaire. Cependant, l'opinion ne fait pas moins état, aujourd'hui, de la terreur exercée par le « movimiento » – initiatives phalangistes ou répression militaire. Elle a frappé brutalement, dès les premiers jours, pour simple délit d'opinion, sans plus de modération que la répression populaire ; de plus elle a duré beaucoup plus longtemps que le sursaut révolutionnaire ; elle a suivi l'avance des armées, et a survécu à la guerre. Par là, bien des adversaires de la violence ont été empêchés de se rallier à Franco. Et le spectacle des prisons, des camps, de la pression morale sur les victimes, est encore vivant comme témoignage.

Le fond des événements, malgré tout, est ailleurs. Il est dans une crise de *la nation*, et de *la société*, qui était, en 1936, si unanimement reconnue que les deux camps, également, invoquèrent *la défense patriotique et la volonté révolutionnaire*. Reste à savoir ce que ce vocabulaire unique recouvrait de diversité dans les intentions.

C) *Le problème national.* — Psychologiquement, « nationale » fut la réaction des Catalans et des Basques, en ce sens que l'esprit de groupe put, chez eux, ranger des catholiques fervents auprès de farouches militants antireligieux, et que si, dans les deux régions, de grands bourgeois oublièrent leur passé « nationaliste » pour une lutte de classe, ils furent considérés comme « traîtres », ce qui lia mieux encore les sentiments régionaux à la défense démocratique. Par là ces sentiments rejoignirent la tradition fédérale, la moins éloignée de la psychologie anarchiste. Et le communisme, de son côté, accepta de s'appuyer sur tout patriotisme régional vraiment populaire, dans la mesure où il ne gênait pas, mais renforçait le combat.

D'autre part, dans toute la zone républicaine, l'intervention italo-allemande fut odieuse à la fois comme atteinte à la liberté *et à la patrie*. On entendit des orateurs anarchistes invoquer 1808 et la Reconquête. On parla de Front national. Les intellectuels savaient, depuis Giner, mêler tradition espagnole et volonté novatrice. D'Antonio Machado à Albertí, Altolaguirre, Hernández, des poètes offrirent au peuple en guerre « romances », satires, chansons, avec d'autant plus de cœur que le plus grand d'entre eux, un des plus étonnants poètes de tous les temps, Federico García Lorca, avait été exécuté à Grenade, première victime du mouvement militaire. L'Espagne fut exaltée dans sa terre, son art, son histoire, par les offices d'éducation et de propagande. De bons esprits comptèrent sur ce patriotisme nouveau, *lié aux aspirations populaires, et non hostile aux personnalités régionales,* pour résoudre la crise de la nation.

Tout autre est le « nationalisme » du camp adverse, *unitaire* avant tout et qui se voudrait *expansif.* « Falange » et JONS avouent emprunter au fascisme une mystique de l'*Unité.* Mais Unité s'entend surtout en Espagne : contre les nationalismes locaux. « Tout séparatisme est un crime que nous ne pardonnerons pas », a dit la Falange, espérant cristalliser ainsi la seule crainte véritable du corps espagnol : celle de la dissociation. Cependant, pour condamner Catalans et Basques, il faut, du mot « nation », éliminer le sens romantique, le sens mistralien, de communauté spontanément ressentie. La grandeur de l'Espagne étant dans l'histoire, la nation sera donc « unité historique ». A condition (car « historique » pourrait signifier « changeant ») de lui accorder une « finalité », une « unité de destin », « permanente, transcendante, suprême ». Le gage en sera, pour l'Espagne, l'orgueil de *caste,* équivalent de l'orgueil de race nazi. Hidalgo, chevalier chrétien, l'Espagnol vaut par son « style de vie », que dicte « l'impératif poétique ». Autre aboutissement des courants littéraires, de la réhabilitation du Quichotte, et du « casticisme » mystique et guerrier.

Par là ce « nationalisme » est peu accessible à la masse. Le partisan franquiste moyen obéit à de plus vieilles habitudes d'esprit : tradition paysanne, patriotisme d'officiers que comble le retour au drapeau bicolore, à l'hymne royal, confusion (encouragée par les prêtres) entre religion et patrie, succès faciles d'intellectuels conformistes qui puisent dans l'arsenal érudit de Pereyra et de Menéndez Pelayo. Aussi la propagande passe-t-elle vite du nationalisme inquiet de José-Antonio, qui invitait à relever l'Espagne « cette ruine physique », « par le chemin de la critique », à un ton de vanité satisfaite, dont le cliché historique, « le topique », est l'argument favori.

D'autre part, la « Falange » avait annoncé un système actif, « impérial », revendiquant Gibraltar, Tanger, le Maroc français, la direction de « l'axe hispanique » contre le panaméricanisme anglo-saxon. Au temps des succès allemands, cela put faire illusion. Quand le sort obligea la diplomatie espagnole et la propagande à des louvoiements, puis à un ralliement empressé aux « démocraties » naguère si méprisées, ce nouvel échec des premiers principes ôta à la composante nationaliste, dans l'idéologie du régime, la valeur dynamique, motrice qu'on avait compté lui attribuer. Les campagnes contre d'autres Espagnols (exilés, autonomistes), contre la France, « ennemie de la tradition », contre une lointaine Russie, chercheront – assez vainement, semble-t-il – à lui redonner de la force.

D) *Le problème de la transformation sociale.* — Un changement social profond allait-il sortir du conflit sanglant ? Le bouleversement fut immédiat dans la zone républicaine. Non qu'il n'y eût pas de conservateurs parmi les républicains. Mais, de même que le pronunciamiento raté de 1932 avait amené la seule mesure radicale de la République en matière agraire, de même on accepta l'idée que la réaction contre le soulèvement du 18 juillet aboutirait à une révolution du corps social.

Les comités ouvriers contrôlèrent les entreprises, les municipalités et syndicats les grands services publics. Les paysans occupèrent les terres ou cessèrent de payer les fermages. La FAI et la CNT firent en Aragon et en Catalogne des expériences « libertaires » isolées, rejoignant parfois les formules du vieux « collectivisme agraire ». En octobre 1936, un décret de la Généralité sanctionna, pour la Catalogne, une collectivisation très large de l'industrie : obligatoire pour les entreprises de plus de 100 ouvriers, à demander par le personnel dans les entreprises moyennes (de 50 à 100), appliquée à toute entreprise en cas d'abandon ou de responsabilités politiques du propriétaire. Un Comité économique devait assurer une planification.

Dans le reste de l'Espagne républicaine, les mesures importantes concernèrent le monde agraire. Un décret d'octobre 1936 systématisa des mesures généralement déjà appliquées par les paysans : expropriations pour responsabilités politiques ou fuite, grands domaines partagés. Le choix était laissé aux communautés entre exploitation individuelle et exploitation collective. En 1938 (mai) on annonçait les chiffres suivants : 2 432 202 ha expropriés pour abandon ou responsabilités politiques, 2 008 000 pour utilité sociale, 1 252 000 occupés provisoirement, et à réviser. Un programme de crédits, intervention technique, plan de cultures, mécanisation, était prévu par l'Institut de Réforme agraire. Il n'eut pas le temps d'entrer en application. En Andalousie et Extremadure, l'agriculture souffrit du manque de moyens et d'expérience des paysans. Les régions de coopératives, de petite propriété et petit fermage maintinrent la production. Le problème y fut l'organisation du contrôle exigé par l'économie de guerre.

Aussi bien l'attitude des partis et des syndicats en face de toutes ces nouveautés avait-elle été diverse. Les communistes, estimant que la victoire était la condition de la révolution, subordonnaient tout à la guerre, et refusaient d'attaquer la petite propriété, dénonçaient les collectivisations sans portée. Les anarchistes et communistes dissidents, estimant que la révolution totale était condition de victoire, appelaient trahison toute limitation aux premières expériences. De récentes études ont révélé l'intérêt de certains essais, leurs résultats positifs ; aucun n'a laissé de trace durable, mais la nécessité d'un changement profond dans la structure de la société espagnole avait été affirmée.

Une telle nécessité, en 1936, apparaissait assez éclatante, pour que le « pronunciamiento », dont le programme était négatif, se crût forcé d'accepter, une fois dans l'action, « les vingt-six points » phalangistes, version espagnole de la pensée fasciste, avec sa condamnation théorique de l'ordre établi, qui avait effrayé naguère les modérés.

« Nous répudions le capitalisme. » « Il n'est pas tolérable que des masses énormes vivent misérablement tandis que quelques-uns jouissent de tous les luxes. » L'Espagne sera « nationale-syndicaliste », terme qui permet d'imiter le nazisme sans le copier, de rappeler la tradition corporative espagnole, enfin d'entrer en coquetterie (par une tendance opposée à celle de 1923) avec l'anarcho-syndicaliste, « l'homme au pistolet dans la gabardine », « plus espagnol » que le marxiste « matérialiste » et discipliné, devenu cette fois l'adversaire n° 1.

S'agit-il en réalité d'une doctrine économique précise ? Les formules sont vagues : « corriger les abus du capitalisme », ne pas ajouter aux non-travailleurs « la moindre considération ». Et la psychologie, sur certains points, est contradictoire : « syndicat de producteurs » semble définir une société fondée sur le travail ; or on répète aussi, derrière José-Antonio, qu'un tel fondement est matérialiste, anti-espagnol, antichrétien (le travail est punition, et non pas mérite ; c'est le sens religieux-militaire qui doit informer la vie).

Sans doute on dénonce le « señorito », le désœuvré de bonne famille. Mais celui-ci se bat, répond à l'appel de caste. On le condamne comme « señorito », on l'exalte comme « hidalgo ». Comment voir dans son combat *défensif* le gage d'une révolution ? En glorifiant la vieille Espagne d'avoir « refusé » les révolutions des XVIe et XVIIIe siècles, la « nouvelle Espagne » s'avoue contre-révolutionnaire, implicitement, et personne ne doute qu'elle ne le soit. La masse qui se range derrière Franco, en dépit du vocabulaire de la *Falange*, est celle qui a voté en février « contre la révolution », par instinct de conservation ou par traditionalisme.

Aussi Franco, tout en acceptant d'utiliser à ses fins le dynamisme phalangiste, use-t-il tout d'abord de formules plus modérées : « justice sociale », « enseignements de l'Église », « pas un Espagnol sans pain, pas un foyer sans feu ». En 1938, une fois fondée l'unité du Parti, il promulgue enfin le « Fuero du travail », qui appelle quelques observations.

Le mot « fuero » est un sacrifice à la mode « historiciste » et au traditionalisme. Il est vrai que c'est par un usage abusif. Le « fuero » médiéval était un contrat précis entre une communauté et une autorité précises ; le nouveau « fuero » est une déclaration des droits, privée de toute sanction. D'autre part le « Fuero du travail » est en net recul sur le programme de la Falange. Ses promesses sociales sont modestes (congés, assurances, salaires familiaux minima). Et, si l'on envisage de faire de la nation un « syndicat vertical » sous la hiérarchie du Parti, *le paragraphe agraire est sacrifié*. Contrairement au fascisme italien, inspiré par la grande industrie et plus libre en matière agraire, le fascisme espagnol se montre disposé à contrôler l'industrie (le patronat catalan et basque demeure suspect) mais craint d'effaroucher les intérêts agrariens.

Quant à l'œuvre pratique au cours de la guerre, elle présente différents aspects. Tout d'abord la *réaction contre l'œuvre du Front populaire* : salaires ramenés au niveau de *février 1936*, terres rendues aux propriétaires (les paysans installés anciennement et non suspects pouvant rester comme fermiers), indemnités aux personnes atteintes dans leurs biens pour faits politiques. D'autre part, des *habitudes de fait* précèdent la législation : comme le contrôle (plus politique qu'économique) des syndicats phalangistes dans les entreprises. Inversement, des *mesures législatives* sont prises, et n'entrent pas en application : assurances sociales, expropriation des terres laissées incultes. A cela il faut ajouter *l'œuvre économique de guerre*, qui peut avoir une portée d'avenir : distribution contrôlée des matières industrielles, service national du blé imposant les surfaces à emblaver et acquérant toute la récolte, par l'intermédiaire d'un syndicat agricole unique. De circonstance fut aussi le plus visible *effort social* : reconstructions, aide aux victimes de guerre, « Auxilio social » qui tenta de parer, par une campagne spectaculaire de charité, à la misère la plus extérieure. L'institution de charité comme remède social répondait, il est vrai, à une tradition, qui fait souvent le fond de la conception sociale des classes riches espagnoles ; si l'Église fit des réserves, c'est que la mobilisation de la charité féminine présenta un aspect extérieur plus hitlérien que traditionnel.

En somme, loin de déclencher la « révolution » annoncée par le vocabulaire des phalangistes, la guerre n'entraîna, dans la zone nationaliste, aucun changement profond dans la structure de la société ; au contraire les castes dirigeantes – clergé, armée, jeunesse riche associée au Parti, aux cadres militaires, à l'Auxilio social – s'imposèrent de façon décisive, sans qu'aucune nouveauté entrât dans les faits. En fut-il de même après la victoire ?

IV. — Le régime du général Franco (1939-1975)

1. **1939-1942.** — Avant mai 1940, Franco, inquiet, voudrait regrouper « les Occidentaux ». Une fois l'armée allemande victorieuse, il passe à la « non-belligérance », occupe Tanger, s'appuie sur le germanophile Serrano Suñer, rencontre Hitler et Mussolini. Contre une adhésion théâtrale, il espère des avantages matériels. En fait, Ribbentrop et Hitler ne désirent guère un front en terrain douteux. Une entrevue hispano-portugaise rassure Anglais et Allemands sur la neutralité ibérique. A l'intérieur, l'époque est dure : misère et isolement. La Phalange inspire une économie, une législation sur le modèle nazi.

2. **1942-1944.** — Le débarquement allié en Afrique oblige la diplomatie franquiste (général Jordana) à céder à la pression des Anglo-Saxons. Ses offres de réconciliation « occidentale » sont mal accueillies ; mais l'Espagne obtient commandes et fournitures. On atténue le vocabulaire totalitaire.

3. **1944-1948.** — Après la victoire alliée, la politique étrangère espagnole (Lequerica, Martin Artajo), tout en offrant une adhésion suppliante aux initiatives américaines, élude les conseils de démocratisation. L'opinion internationale oblige l'ONU à condamner le franquisme, la France à fermer sa frontière, et le gouvernement, dans une atmosphère de pénurie, n'obtient pas la réaction nationale à laquelle il fait appel. Le jeu du chef de l'État entre phalangistes et catholiques, les négociations avec don Juan, le camouflage de la dictature en « régence », manifestent la mauvaise conscience du régime.

4. **1948-1955.** — La « guerre froide » permet au contraire au survivant du fascisme de se poser en précurseur. Il agit envers les États-Unis comme naguère envers l'Allemagne, en créancier plus qu'en solliciteur. Mais, à leur tour, les États-Unis songent à se

servir de l'Espagne, non à la servir. En 1953 seulement, est offerte une aide *militaire* de 141 millions de dollars, plus 85 « pour fortifier la base économique de la coopération militaire ». Comme un Concordat vient aussi d'être signé, le régime peut se vanter de ses succès en politique extérieure.

5. **1956-1962.** — Une amorce de reprise économique et d'industrialisation s'accompagne d'inflation et de fortes agitations sociales et universitaires. Mais l'Espagne entre à l'ONU et dans les organismes européens. Un « Plan de stabilisation » freine la fuite des devises, entraîne une récession. 1962 est une année de manifestations et de grèves (Asturies).

6. **1963-1973.** — C'est un temps de vive croissance, orientée par des « Plans ». Le régime célèbre son jubilé sur le thème « 25 ans de paix ». La « loi organique » de 1966 maintient Franco chef de l'État, les « Cortes » corporatives. Elle est soumise à un référendum où l'échec de l'abstention prêchée par l'opposition, joint aux précautions prises contre elle, donne un nombre de votants supérieur au nombre d'inscrits. La multiplication des délits de presse compense la suppression légale de la censure. En juillet 1970, un rôle officiel est donné au prince Juan Carlos, comme successeur désigné du « Caudillo ». En décembre, le « procès de Burgos », condamnant à mort six jeunes gens de l'ETA (organisation nationaliste basque en lutte ouverte avec la police) soulève une vague de protestations. Franco fait grâce, mais, à Madrid, les partisans d'un régime dur manifestent. Au pouvoir, les technocrates de l'*Opus Dei* semblent désormais écarter les phalangistes. Au sommet, pourtant, l'amiral Carrero Blanco reste un autoritaire intransigeant. Or, le 20 décembre 1973, en plein Madrid, sa voiture saute sur une mine. L'ETA revendique cette action.

7. **1974-1975.** — L'ambiance économique est moins favorable. La révolution portugaise proche avive les craintes et les espoirs. La santé du général Franco pose, parfois dans l'immédiat (juillet 1974), le problème de succession. On devine une floraison d'intrigues. Le ministère Arias Navarro annonce des réformes libérales qui se révèlent dérisoires. Des tenants du régime sont désormais dans l'opposition. Par endroits, une vie politique, une presse critique réapparaissent. Or, en même temps, la répression se durcit : exécution du jeune anarchiste Puig Antich, tortures et condamnations à mort contre les membres ou complices supposés de l'ETA et du FRAP (Front révolutionnaire antifasciste et patriotique).

A-t-il résolu les *problèmes* de l'Espagne ?

Celui de la *structure nationale* reste posé. L'autonomisme avait été la bête noire de la Phalange. Vers 1955-1960, Madrid autorisa quelques manifestations de régionalisme culturel. Or, à peine admise, l'édition catalane eut un succès imprévu. La langue est redevenue le signe du groupe, et cela s'étend, plus qu'autrefois, aux pays valencien, baléare, roussillonnais. Intellectuels et bas-clergé restent, dans ce domaine, les animateurs. Mais des secteurs de la bourgeoisie active retrouvent, en 1975, le langage de 1906. Et, dans les blocs ouvriers, griefs nationaux et sociaux se lient de nouveau. Une « Assemblée de Catalogne », interdite par le pouvoir, témoigne du large éventail mobilisé. Le phénomène, massif, reste modéré. Au Pays basque au contraire l'aspiration nationale, prise en charge par une minorité jeune, se traduit plus durement ; le groupe ETA (Euzkadi ta askatasuna, Pays basque et Liberté), bien que déchiré sur la tactique et la théorie, s'est imposé par l'héroïsme de ses combattants, dans la rue, devant la torture et les tribunaux, il associe liberté nationale et révolution sociale. ETA intimide les autres oppositions, mais force leur solidarité.

Où en sont les *problèmes économiques* ? Vingt ans de stagnation, suivis d'un foudroyant démarrage, exigent un essai de bilan.

Jusqu'en 1962 persiste « l'inégalité des récoltes » (blé : 1958, 48 M. q ; 1961, 30), et les chiffres moyens de 1931-1935 ne sont pas retrouvés ; la disponibilité en grains par tête a baissé de 35 %, la valeur produite par agriculteur de 18 %. Or, en 1960, la part de l'agriculture est encore de 47 % dans la population active, de 33 % dans le produit global, de 13 % seulement dans l'investissement. La « colonisation » (Plan de Badajoz, 35 villages) est localisée. Il y a toujours des terres sans hommes, des hommes sans terre, des terres où l'on s'entasse.

En 1962, démarre la modernisation. La production moyenne de blé passe de 40 M. q (1954-1958) à 50 (1965-1969), le rendement de 9,4 à 12,5 q/ha. Le maïs, l'orge, le cheptel porcin, l'aviculture progressent vite. Les engrais sont utilisés massivement. En quinze ans le parc de tracteurs passe de 26 000 à 243 000. Le *latifundio* offrirait-il un bon cadre à la modernisation ? Mais l'exode rural dépasse l'optimum, et l'investissement reste insuffisant (15 dollars/ha ; Europe : 60). Le recul de l'agriculture dans le produit (33 à 15 %) et dans la population active (42 à 26 %) est un signe positif ; réalisé en dix ans, il est humainement coûteux.

L'*industrialisation tardive* a été *rapide*.

Jusqu'en 1953, l'Institut national industriel (INI) s'est inspiré du dirigisme phalangiste : autarcie, renforcement du centre péninsulaire. Il a investi 55 milliards de pesetas avant 1960, dont 42 pour les industries de base, sans dominer le déséquilibre régional.

De 1954 à 1962, la « voie autarcique » céda la place à l'intervention ouverte du capital étranger, et le dirigisme au libéralisme. Le *boom* européen et l'aide américaine (1954-1958) : 341 M. de dollars, dont 31 pour l'électricité, 30 pour les chemins de fer, 8 pour l'irrigation) convergèrent pour créer une situation inflationniste et des échanges déficitaires (1951-1954 : les importations des États-Unis passent de 62 à 112 M. de dollars, les exportations vers les États-Unis de 65 à 46). Les prix montent : 15,5 % de 1956 à 1957. Le « Plan de stabilisation » de 1958 est payé d'un freinage de la croissance.

En 1961, la consommation du pays en énergie et acier ne dépasse pas le tiers de la moyenne de l'OCDE. Le PNB par tête a gagné 18 % en sept ans. L'indice industriel monte vite (automobile, aluminium) mais ne doit pas faire illusion sur un démarrage qui ne s'affirme qu'en 1962.

De 1964 à 1969, le PNB croît de 35 %, le revenu par tête de 28 (irrégulièrement : 1965/1964 : 6,7 % ; 1967/1966 : 3 %) ; la consommation d'énergie double en dix ans, également par à-coups (de 0,06 à 10,9 % suivant les années) ; en 1969, l'Espagne produit 6 M. de tonnes d'acier, en consomme 8. Les résultats, en 1969, restent modestes : par tête, revenu, 720 dollars ; électricité, 1 600 kWh ; énergie consommée (équivalent-charbon) 1,78 t. Les villes ont changé de visage. Burgos, Valladolid, Pampelune, Saragosse ont des banlieues-champignons. Madrid est devenue une ville industrielle, grise, polluée, Barcelone et Bilbao forment des agglomérations géantes. De puissantes banques (dépôt et affaires à la fois) contrôlent ce démarrage. Le capital étranger se lie étroitement aux intérêts de l'oligarchie espagnole.

Des aspects restent inquiétants : 1) L'exode d'une main-d'œuvre souvent qualifiée ; 2) Le rôle d'un tourisme et d'un investissement hôtelier de rendement et d'avenir incertains; 3) La croissance des importations; 4) Les poussées inflationnistes.

Les *problèmes sociaux* demeurent aigus.

Pendant quinze ans (1940-1955) l'écrasement des classes travailleuses a été sans contrepartie, d'où une accumulation massive de capital, que les banques investiront. Le démarrage révélera alors les disparités sectorielles. Aux champs, le *minifundio* reste misérable, le *latifundio* paie mieux sa main-d'œuvre, mais la maintient prolétarisée, prise entre l'exode et le chômage. En revanche, il y a désormais des paysanneries régionales riches. Dans l'industrie, les secteurs retardés sont aussi menacés par le chômage (mines asturiennes) ou par les crises d'exportation, là où les bas salaires l'ont permise (confection, chaussure). Les nouveaux secteurs connaissent la différenciation dans les salaires, devenus un complexe de primes, d'heures supplémentaires, de doubles travaux, à la vaine poursuite de prix en hausse. Aussi les conflits sont-ils nombreux, longs et étendus. Débordés, les syndicats « verticaux » servent à camoufler les heurts devant l'opinion, tandis que surgissent des « commissions ouvrières » de discussion et de lutte. Souvent le clergé donne asile aux réunions. Les répressions sont brutales (Grenade, Le Ferrol, Madrid, Barcelone).

Quel rôle joue, dès lors, l'*opposition politique* ?

De 1940 à 1950-1953, elle n'a certes pas disparu : *guerrillas* locales, syndicats clandestins, phalangistes déçus, libéraux non résignés, monarchistes impatients. Sans efficacité. Les cadres de l'opposition populaire sont morts, en exil, ou en prison. Les classes moyennes, paralysées par la peur, se contentent de frondes verbales. L'image d'une Espagne « spécifiquement pauvre », condamnée et résignée aux régimes d'arbitraire tempérés par la négligence et l'anarchie, réédite chez les intellectuels la version sceptique et pessimiste des crises spirituelles.

Le régime, de son côté, même après 1944, ne s'est libéralisé que dans les mots. Ses « Cortes » ne sont ni un « Parlement » ni des « États ». Ni le *fuero* des Espagnols, ni celui « du travail » n'assurent de garanties individuelles. Le patronage nazi-fasciste a laissé des traces profondes dans la presse, la police, les organisations de jeunesse. La répression se dose savamment suivant le type des opposants.

Nous avons dit la combativité *ouvrière*, et les coups qu'elle reçoit, dans la rue et les entreprises. Une opposition *intellectuelle* est, suivant les moments, tolérée, combattue par la censure, punie de prison, ou livrée aux brimades de groupes activistes officieux (librairies, expositions saccagées). Une poésie engagée (Celaya, Blas de Otero), des romans noirs, un cinéma violemment critique (Bardem, Berlanga, Buñuel, Ferreri) réinventent la version amère de l'Espagne ; les universités vivent en état de siège ; les fils de personnages importants participent à l'agitation. Et, à partir des années 70, les défections ne manquent pas, au sommet même du système, théoriciens en dissidence ouverte (Calvo Serer), politiciens à la recherche d'une formation opposante tolérée (Fraga Iribarne).

En face de cet effritement, les héritiers des anciens partis et une profusion de groupes nouveaux cherchent à se situer. Chez les premiers joue encore l'effet paralysant des souvenirs. La guerre civile était-elle évitable ? fut-elle fatale ? se demandent les modérés. Qui avait raison (ou mieux, qui eut tort) se demandent les vaincus ; anarchistes ? communistes ? socialistes ? partis bourgeois ? Les petits partis ont beau jeu pour s'en prendre aux grands, n'ayant pas eu à faire la preuve de leurs méthodes. Et les jeunes tranchent souvent dogmatiquement sur des problèmes qu'ils n'ont pas vécus.

En 1962, la présence de Gil Robles dans une réunion internationale fit croire à un renouveau « centriste » à liens « européens ». Le régime réagit avec souplesse ; il ne risquait pas grand-chose. Il marqua au contraire, en exécutant Julián Grimau, son intransigeance envers le communisme du temps de guerre.

Depuis lors, la division entre communistes, les reviviscences anarchisantes et trotskisantes, l'apparition d'un basquisme révolutionnaire, créèrent une opposition d'extrême-gauche, trop fragmentée pour devenir décisive, trop agissante pour qu'on l'ignorât longtemps. La fin de l'illusion *desarrollista*, l'attentat réussi contre Carrero Blanco, la toute proche révolution portugaise, poussèrent à la fois à d'étranges relâchements et à des durcissements subits : Puig Antich garrotté, onze condamnations à mort en septembre 1975 dont cinq exécutées. L'ETA et le noyau marxiste-léniniste du FRAP ont osé s'attaquer à l'appareil répressif, resté l'âme du régime !

Ce qui a changé depuis 1936, c'est l'attitude d'une partie du clergé, qui s'engage dans des actions politiques, même illégales, et qu'on n'hésite pas à frapper. Mais le choix reste bien, pour toute opposition, entre deux propos possibles : soit un simple retour aux formes démocratiques (hélas, chez Franco, les mots « Occident » et « monde libre » ont beaucoup servi), soit un bouleversement des rapports sociaux de production. Le Parti communiste espagnol a choisi la première voie, la voie « italienne », et critiqué l'action du Parti communiste portugais ; il s'allie, dans la Junte démocratique, avec des hommes comme Calvo Serer ; les « antirévisionnistes » le lui reprochent.

La *coalition conservatrice* est donc bien solide ?

Les *classes aristocratiques*, les *grands propriétaires terriens*, désormais étroitement liés aux banques et à l'industrie, n'ont plus l'esprit d'autrefois. La restauration monarchique ne leur importe que s'ils la croient bonne garante de l'ordre.

L'*armée* et les *forces de répression* sont solidaires du système, parce que forgées dans et pour la guerre civile, et objet continu de la faveur du « Caudillo ». Dans un pays sans problème extérieur, le poids de l'armée dans la nation est paradoxal ; il rappelle le rôle des classes non productives au temps de la décadence ; les cadres subalternes et la masse des polices ont été des refuges contre la faim. La cohésion de cette base assez misérable est-elle définitive ? On ne sait. Les officiers, eux, restent la caste franquiste par excellence.

Les *milieux d'affaires* seraient heureux de larguer les dernières entraves dirigistes héritées des années 40. Mais, pour un *boom* franchement libéral, l'Espagne n'est pas l'Allemagne. Un pouvoir bourgeois y a moins de chance de laisser fonctionner sans risque un système parlementaire et électoral. Les milieux bancaires et industriels ne tenteront pas le diable. Franco a eu l'habileté, en 1969, de sacrifier les leaders de la Phalange aux dirigeants technocrates liés à l'*Opus Dei*. Contre eux, les perdants ont essayé d'exploiter l'affaire de la « Matesa » (exportations fictives profitant de milliards de subvention). Mais la solidarité du grand capital n'est pas à la merci de tels incidents. Dès que le danger politique prend une forme révolutionnaire, la mentalité répressive reparaît. Il est vrai que les succès de l'économie ont été à la fois l'effet et la cause de la montée sociale de technocrates intelligents, qui ont flirté ou flirteront avec les oppositions « démocratiques ». Menaces et faveurs alternées les neutralisent facilement.

L'Église est loin du temps où, première bénéficiaire de la « Croisade », elle savourait ses succès : privilèges fiscaux, mariage religieux obligatoire, catéchisme à l'école, place dominante dans l'enseignement, l'Université, la Recherche. Cette identification du régime avec un catholicisme étroit a aujourd'hui cédé la place à une division des catholiques en trois tendances : 1) L'action de l'*Opus Dei*, Institut séculier qui, sans l'avouer, eut un temps l'ambition d'encadrer la société laïque, et qui est parvenu à jouer un rôle parfois décisif entre appareil gouvernemental, capitalisme d'État, technocratie des « Plans », personnel industriel et bancaire ; 2) inversement, depuis le Concile, de jeunes religieux, des prêtres de banlieue et jusqu'à des curés de campagne, en réaction contre le conformisme d'hier et l'ambition d'aujourd'hui, redécouvrent, dans l'opposition populaire, un anticapitalisme de tradition ; 3) entre ces courants, la masse hésite et la hiérarchie manœuvre. De toute façon, « l'Espagne noire » est dissociée.

Mais le franquisme n'a surmonté ni la crise de la société, ni la crise de la nation, ni la crise de l'esprit. Sous l'unité proclamée, l'évidence des conflits a servi l'ordre établi par l'appel au bloc instinctif des conservatismes. L'opposition disait bien n'avoir contre elle qu'un bastion réduit d'« ultras ». Mais le régime tenait. Et seules des franges militantes (ETA, FRAP), armées du double idéal Patrie et Révolution, osaient défier le vieil appareil militaire répressif.

V. — Les débuts de la monarchie constitutionnelle

Au lendemain des cinq exécutions de septembre 1975, dans une atmosphère tendue, le général Franco, tombé malade en octobre, est mort le 20 novembre, après une agonie prolongée, étalée, digne d'un scénario d'Arrabal ou de Ferreri.

La passation des pouvoirs du « caudillo » au « roi » fut ambiguë. En gardant au pouvoir l'homme des responsabilités de septembre (Arias Navarro), le jeune souverain semblait céder au *bunker*, noyau résistant du franquisme.

Pourtant, trois ministres-diplomates (Fraga, Garrigues, Areilza) furent visiblement chargés d'intégrer l'Espagne, sur le modèle grec ou portugais, à une Europe centriste ou social-démocrate, avec la bénédiction de l'Amérique. « Deux semaines, deux mois, deux ans », demandait M. Fraga.

Soudain, le 3 juillet 1976, le roi appelait au gouvernement un jeune politique peu connu, Adolfo Suárez, formé dans le « Mouvement » franquiste. Or ce fut lui qui accéléra le changement : amnistie, élections, Cortes constituantes, Sénat élu (sauf 40 membres nommés par le roi). Soumise à référendum (15 décembre 1976), la réforme fut approuvée par 94 % de « oui », et seulement 2,6 % pour le « non » préconisé par les franquistes intransigeants (abstentions, 23 %).

C'était l'« ouverture » sans « rupture » : amnistie large, mais au coup par coup ; légalisation, échelonnée, des partis et groupements (environ 200 !). La transition s'opéra sans éclat. Non sans incidents : massacre, en plein Madrid, de quatre avocats des « Commissions ouvrières », actions violentes de l'ETA basque.

Très attendues, les élections du 15 juin 1977 polarisèrent les modérés autour de Suárez (« Union du Centre démocratique », 166 sièges, 23 apparentés), la gauche autour du Parti socialiste ouvrier (118 sièges, 8 apparentés) ; on nota l'échec de Fraga, qui avait tenté de regrouper une droite (« Alliance populaire », 16 sièges), et le faible score communiste (environ 10 %), malgré (ou à cause de ?) la position en flèche de Santiago Carrillo dans la voie de l' « eurocommunisme ».

Les surprises furent régionales : la Catalogne donna 20 % de voix aux communistes (PSUC), 35 % aux socialistes, moins aux modérés et aux vieux partis. Mais le 11 septembre, « journée » nationale des Catalans, réunit 1 million de personnes à Barcelone, criant « Volem l'Estatut ».

Madrid rétablit alors la « Généralité » catalane, et appela à sa tête le président Tarradellas, désigné en exil comme successeur des présidents Companys et Macià, et qui n'avait cessé de s'affirmer comme tel. Manœuvre ? Mais quel démenti à quarante ans de propagande injurieuse !

La question basque est plus délicate. Une gauche *abertzale* (patriote intransigeante), avec sa branche extrême, l'ETA militaire, garde son prestige auprès du peuple, qui n'oublie pas ses martyrs. Le maintien en Euskadi des corps policiers du temps du franquisme est ressenti comme une occupation étrangère.

La discussion constitutionnelle (1978) a moins mobilisé l'opinion qu'en 1931. Le souci du « consensus » a fait proclamer l'Espagne « indissoluble » mais faite de « nationalités », le peuple souverain mais le monarque intouchable, la libre entreprise garantie, mais la planification évoquée ! Les pragmatistes sont contents, mais l'enthousiasme manque (consultation populaire : 36 % d'abstentions, 23,8 % de non en Euskadi). En mars 1979, les élections aux Cortes confirment la majorité modérée, mais, aux municipales, socialistes, communistes, Basques intransigeants gagnent de nombreuses villes. Les statuts d'autonomie basque et catalan sont votés, mais, en retrait sur ceux des années 30, ils suscitent des réserves (abstentions : 40 %). Les élections au Parlement catalan permettent au leader modéré Jordi Pujol (« Convergence et Union ») d'être élu président de la Généralité. Mais une loi d' « harmonisation » des autonomies (LOAPA) en fait craindre une interprétation restrictive. En Euskadi, le « PNV » (Parti nationaliste basque, héritier des années 30) manœuvre difficilement entre partis espagnols ; l'ETA militaire poursuit la lutte armée et subordonne toute négociation au retrait des « forces de l'ordre ».

L'année 1981 restera celle du « 23 février » : ce jour-là, le lieutenant-colonel Tejero occupe, pistolet en main, la tribune des Cortes, et ses gardes civils obligent les députés à se cacher sous leurs bancs. La télévision étale cette image devant le monde entier, provoquant en Espagne une stupeur honteuse, qui compromet l'aventure. Mais, à Valence, le général Milans del Bosch avait fait sortir les chars, et le général Armada, proche du roi, avait sans doute pensé à un compromis à la façon argentine. Le geste de Tejero entraîna un procès, où la solidarité du corps militaire tint l'opinion dans la crainte d'une nouvelle menace.

L'année 1982 vit la dissociation des partis du Centre. Une bipolarisation l'emporta : à droite, « l'Alliance populaire » de Fraga Iribarne écartant l'extrême droite (Blas Piñar, Tejero), à gauche, le Parti socialiste (PSOE) laissant de moins en moins de place à l'extrême gauche (PC compris). Cela se traduisit, aux élections d'octobre 1982, par une majorité absolue socialiste aux Cortes, et l'accession au gouvernement de Felipe González, jeune avocat socialiste andalou. « Felipe » et ses amis technocrates (Boyer, Serra) n'ont pas caché leur modération en matière sociale ; ils ont connu leurs difficultés : nervosité des militaires, krach du trust RUMASA (qu'il fallut exproprier), échec socialiste aux élections parlementaires basque et catalane, aggravation du chômage, et des actions de l'ETA, malgré (ou à cause de ?) la brutalité des méthodes policières. Les succès furent extérieurs : appui de la France contre l'ETA, entrée à la CEE. Mais on a retardé, rendu ambigu, le référendum sur l'OTAN. La chance du PSOE reste l'incohérence des forces de droite et celle du mouvement ouvrier (éclatement du PC).

VI. — L'Espagne aujourd'hui

39,4 millions d'habitants. Une démographie soudainement au plancher de l'Europe vieillissante (indice de fécondité 1,2). Une rapide industrialisation, des autoroutes, une ligne de TGV, des industries de pointe, un secteur agraire visant à unir qualité et quantité. Un seuil est franchi.

Ne surestimons pas le miracle. Le produit national brut par tête (14 490 $) reste dans la moyenne européenne. Mais l'Espagne, qui frôlait le record européen pour le chômage, passe en trois ans de 22,7 % à 13,7 %. Elle adapte sa législation à l'accueil des étrangers et connaît pour la première fois, au printemps 2000, un conflit d'immigration localisé, mais sanglant. La société espagnole juxtapose aujourd'hui encore l'étalage des fortunes et la présence plus ou moins voyante de certaines misères, et l'Espagne est le bénéficiaire encore privilégié des aides européennes (60 milliards d'euros pour 2000-2006). Son équipement saura-t-il braver les concurrences ? Les revenus des travailleurs réguliers souffrent d'une inflation qui résiste, mais le taux de syndicalisation est tombé aussi bas qu'en France. Un autre « seuil » !

En politique, cela s'appelle le « consensus ». Les partis modérés, responsables d'une « transition démocratique » souvent donnée en exemple, ont fondu pour laisser place au regroupement progressif d'une droite plus traditionnelle. Après quatorze ans d'hégémonie gouvernementale, le Parti socialiste a dû faire son bilan : Felipe González aura, malgré ses promesses, fait entrer l'Espagne dans l'OTAN. Il a bien géré l'entrée dans l'Europe, et l' « Espagne des régions ». Le PSOE vient de lui trouver, non sans mal, un jeune successeur : José Luis Rodríguez Zapatero.

Réputé dépourvu de charisme, le leader du Parti populaire, José-María Aznar, devient de justesse président du gouvernement, en mars 1996, et dépend alors des députés catalans modérés et du vieux Parti nationaliste basque. Or les slogans catalans (« Nous sommes six millions », « La Catalogne a mille ans », « Dites-le en catalan ») blessent l'opinion castillane, qui admet mal, surtout, l'indépendance de la politique linguistique de la Généralité en matière d'éducation, et son souverainisme sournois en matière d'expansion européenne. Renforcé par le succès du PP aux élections de 2000, Aznar choisit quelques jeunes et brillants ministres dont le passé estudiantin gauchiste a pu faire sourire. En recourant à des moyens devenus classiques, il a conduit en douceur l'entrée de l'Espagne dans l'euro, et personne ne lui conteste fermement le droit de constater avec satisfaction : « L'Espagne va bien. »

Seule la question basque continue à tempérer cette euphorie. Profitant de l'émotion publique suscitée par l'enlèvement et l'exécution par l'ETA d'un jeune édile PP d'Ermua (Biscaye), fils d'immigrés économiques, un « pacte » allait être signé entre les différentes sensibilités du nationalisme légal, sous l'égide du PNV. Le mouvement armé semblait répondre un temps à l'ouverture possible en respectant une trêve des actions terroristes pendant plus d'un an. La fermeté du gouvernement en matière de politique répressive, et sa nouvelle indépendance parlementaire, qui lui permettait de rompre ostensiblement avec Arzalluz, leader du PNV, ont-elle intensifié la nouvelle vague terroriste qui allait faire en 2000 un taux de victimes inconnu depuis sept ans ? Nul n'ose lire le devenir du problème. La base électorale du mouvement indépendantiste radical s'est érodée, mais non effritée, et encourage les violences de rue. Ces jeunes manifestants, issus souvent de l'émigration non basque, sont-ils les laissés-pour-compte de la reconversion économique régionale et sont-ils venus revivifier une clandestinité armée expérimentée, pourvue de moyens, et qui fait fi de l'impopularité ? Quelle réponse attendent-ils exactement ?

Devant les incertitudes, l'institution monarchique garantit le consensus. Elle est acceptée sans réticence. On pense à la France de Louis-Philippe : un roi reconnu comme « la meilleure des républiques ». Cependant le cercle des familles aristocratiques et fortunées reste étroit. Mais le succès des Jeux olympiques de Barcelone, de l'exposition du Ve centenaire à Séville, et du musée Guggenheim de Bilbao ont prouvé que l'Espagne a achevé une mutation qui aura dû beaucoup au jeu compensé de l'émigration de ses travailleurs et de l'afflux des touristes et des capitaux extérieurs. En portant aux nues le cinéaste Almodóvar, le public étranger identifie mal ce que sa « postmodernité » voyante comporte d'enracinement profond. Car l'Espagne ne se résume pas aux excentricités de la *movida.* Au temps de sa guerre civile, préfiguration des malheurs du monde, elle était, disait Neruda, « au cœur » de tous les hommes de bonne volonté. Un Lorca, un Falla, un Picasso, un Miró ont marqué du sceau espagnol la sensibilité du XXe siècle. Par sa complexité même, l'exemple espagnol offre encore au monde plus d'une leçon.

BIBLIOGRAPHIE THÉMATIQUE « QUE SAIS-JE ? »

La guerre d'Espagne (1936-1939), n° 2338
Histoire de la Catalogne, n° 3212
La conquête de l'Amérique espagnole, n° 1584
L'économie de l'Espagne, n° 1321
La philosophie espagnole, n° 3008
La littérature espagnole, n° 114

TABLE DES MATIÈRES

Imprimé en France
par JOUVE
1, rue du Docteur Sauvé, 53100 Mayenne
janvier 2011 - N° 625764V

JOUVE est titulaire du label imprim'vert®